Die Reform

des

Juristischen Studiums

in Preußen.

Rede, gehalten bei Antritt des
Rektorates an der Universität Marburg am 17. Oktober 1886

von

Dr. Franz v. Liszt
o. ö. Professor der Rechte.

Berlin.
Verlag von J. Guttentag
(D. Collin.)
1886.

Vorwort.

Es bedarf beinahe der Entschuldigung, daß ich die Anzahl der vorhandenen Schriften über die Reform des juristischen Studiums in Preußen um eine weitere vermehre. Ich erblicke die Rechtfertigung für dieses Unternehmen in der doppelten Thatsache, daß einerseits jene Schriften in den maßgebenden Kreisen keine Beachtung gefunden haben; daß anderseits auch unter uns akademischen Lehrern die Meinungen über die Mittel der Abhilfe noch keineswegs zur völligen Klärung gelangt sind. So mag denn die ungeschminkte Schilderung der herrschenden Zustände vielleicht immer noch ebensowenig unzeitgemäß sein, wie die Ausführung und Begründung von Verbesserungsvorschlägen. —

Erst als ich meine Arbeit bereits abgeschlossen hatte, erhielt ich durch die Güte des Verfassers Dernburgs Schrift „die Reform der juristischen Studienordnung." Es war mir nicht mehr gut möglich, und es schien mir auch der Bedeutung und dem Einflusse des Verfassers gegenüber nicht zweckmäßig, dieselbe im Zusammenhange meiner Ausführungen nebenher mit zu berücksichtigen. So ist es denn notwendig geworden, daß ich hier noch nachträglich zu Dernburgs Schrift Stellung nehme.

Dernburg wiederholt in andrer Form einen schon früher gemachten Vorschlag: Nach einem theoretischen Studium von fünf, ausnahmsweise von vier Semestern soll das Referendarsexamen abgelegt werden; darauf zwei Jahre Vorbereitung in der Praxis, dann wiederum anderthalbjähriges Studium auf der Universität und schließlich anderthalbjähriger Dienst in der Praxis, worauf das Assessorexamen folgt.

Ich kann diesen Vorschlägen nicht beistimmen.

„Dem juristischen Studierenden fehlt vor allem die Anschauung.“ — Zugegeben. Aber unsere, der Lehrer, Aufgabe besteht gerade darin, durch Einrichtung der Vorlesungen und insbesondere durch Seminarübungen ihm diese Anschauung zu geben. Und wir können es auch. Dernburgs Pandekten — nach meiner Meinung eins der schönsten juristischen Bücher — sind ein schlagender Beweis dafür, daß strenge Systematik und anschaulichste Lebendigkeit sich recht gut vertragen.[1]) Und daß der Student keine Zeit habe, während der drei Universitätsjahre auch noch Seminarübungen mitzumachen, ist einfach nicht richtig. In unserm juristischen Studienplan, den jeder in Marburg studierende Jurist erhält, sind Vorlesungen und Übungen auf sechs Semester in einer Weise verteilt, daß von Überbürdung wahrhaftig keine Rede sein kann. Wenn wir in den Seminarübungen mehr Teilnehmer als Zuhörer in den Vorlesungen haben — ist das denn nicht genügender Beweis dafür, daß für die ersteren es nicht an Zeit mangelt?!

Die zweijährige Praxis soll dem jungen Juristen die reichen Anschauungen des Rechtslebens geben. — Wir haben doch stets, vor und nach 1879, gehört, daß unser mündliches Verfahren so arm an Bildungselementen ist; daß man die große Zahl der Referendare nicht genügend beschäftigen kann, und auch nicht beschäftigen mag, weil ihre Abrichtung (man verzeihe das Wort) gerade in der ersten Zeit so unendlich viel Mühe und Geduld erfordert — soll das jetzt auf einmal anders geworden sein? Ist denn die Dutzendwaare von Prozessen, wie sie jahraus jahrein, einer genau wie der andere, bei Amts- und Landgerichten vorzukommen pflegen, wirklich lehrreicher, ist ihre schablonenhafte Behandlung wirklich

---

[1]) Vgl. auch Note 6 meiner Schrift.

fruchtbringender, als die genaue Verfolgung ausgesuchter Rechtsfälle an der Hand der Akten durch alle Instanzen hindurch, wie wir sie in den Seminaren von Göttingen, Bonn, Greifswald, Gießen, Marburg und an anderen Fakultäten zu betreiben pflegen?! Wer einmal im Leben die Akten eines Landgerichts zu dem Zwecke durchgestöbert hat, um die eine oder die andere für Seminarzwecke zu verwerten, der weiß, wie unendlich selten sich ein Fall findet, an dem der Student etwas lernen kann.

In der Praxis soll der junge Jurist Liebe zur Wissenschaft gewinnen. — Warum ist denn der größte Teil unserer Referendare so gänzlich bar alles wissenschaftlichen Sinnes? Warum besuchen so wenige von ihnen noch irgend eine Vorlesung? Weil doch ein ganz besonderer wissenschaftlicher Ernst, eine tiefwurzelnde Liebe zur Wissenschaft notwendig ist, wenn die Beschäftigung mit der Alltagspraxis Sinn und Verständnis für die Probleme der Theorie nicht gänzlich ertöten soll.

Und dann das zweite Studium an der Universität. Anderthalb Jahre und eines davon dem Militärdienste gewidmet! Nach allem, was ich selbst gesehen und von andern gehört habe, ist das Militärjahr fast ausnahmslos für wissenschaftliche Thätigkeit gänzlich verloren. Und es kann ja auch gar nicht anders sein. Wer den ganzen Tag körperlich in der angestrengtesten Weise gearbeitet hat, der kann dann nicht noch von 6 bis 8 Uhr abends Vorlesungen hören; der wird, selbst beim besten Willen, nicht im stande sein, sich an Seminarübungen zu beteiligen oder die zu einer wissenschaftlichen Arbeit notwendigen Studien zu machen. Auf das eine Halbjahr aber, das nach Abzug der Dienstzeit übrig bleibt, wird Dernburg selbst kein Gewicht legen.

So bleibt als praktisches Ergebnis der Vorschläge: Ablegung des nicht unwesentlich erleichterten Referendarsexamens schon nach fünf, sogar schon nach vier Semestern, **also Verkürzung des Universitätsstudiums um mindestens ein bis zwei Semester.** Das ist aber wahrhaftig nicht das Ziel, das wir anstreben.

Es liegt in den Dernburg'schen Vorschlägen ein Grundfehler, uns ist wichtig, ihn klar festzustellen. Dernburg hat ganz ausschließlich die Berliner Verhältnisse im Auge. Nur so läßt sich eine Reihe von Äußerungen, insbesondere die auf S. 18 über die geringe Bedeutung der Seminare, erklären. Freilich — daran wird kein Einsichtiger zweifeln — können an einer Fakultät, die 800 bis 1000 Studierende zählt, die Seminarübungen nur für einen verschwindend kleinen Bruchteil von Studierenden fruchtbar werden; auch werden sie hier stets mehr in das Fahrwasser von rein wissenschaftlichen, besonders stark von Ausländern besuchten, Instituten geraten. Aber die juristische Studienordnung werden wir nicht für Berlin allein, sondern für ganz Preußen machen müssen. Und an allen andern preußischen Universitäten liegt in den Seminarübungen ein unschätzbares Erziehungsmittel, das in demselben Augenblicke seine ganze Bedeutung entfalten wird, in welchem die erste Prüfung kein Kinderspiel, kein Gaukelwerk mehr ist. Hier, an dem Prüfungs-Unwesen haben wir den Hebel anzusetzen. Das übrige mag man getrost uns Professoren überlassen. Wenn unsere Studenten erst einmal etwas zu wissen brauchen, dann werden wir es ihnen auch beizubringen verstehen. Sollten dabei die kleinen Preußischen Juristen-Fakultäten wieder an Bedeutung gewinnen, so wäre das nicht der kleinste Vorteil, den die Reform unserm Volksleben brächte.

Marburg, im Oktober 1886.

Franz v. Liszt.

Inhaltsübersicht.

Hochansehnliche Versammlung!

Wenn unsere Hochschule die Übertragung ihres höchsten Amtes an den neuen Inhaber desselben getreu der alten Sitte in feierlicher Form, in Gegenwart nicht bloß der Angehörigen, sondern auch der Gönner und Freunde unserer Philippina vollzieht, so geschieht das nicht aus eitler Freude an festlichem Gepränge, auch nicht nur aus treuer Anhänglichkeit an althergebrachte, durch Vätersitte geheiligte Gebräuche. Indem Buch und Siegel, Kette und Szepter, all' die Abzeichen des Amtes an das vom Gesamtsenate gewählte, von der Regierung bestätigte neue Haupt übergeben werden, soll vielmehr — und das ist die tiefere Bedeutung der feierlichen Handlung — die eine der beiden Seiten in dem geschichtlich begründeten, durch die Jahrhundert gefestigten Doppelcharakter der deutschen Universitäten zum unzweideutigen Ausdrucke gebracht werden: die korporativ-geschlossene Selbständigkeit der universitas litterarum.

Als freie Vereinigung der Lehrenden und Lernenden, geeint durch gemeinsame Arbeit auf dem Gesamtgebiete der Wissenschaften, sind die Universitäten ins Leben getreten, Vorboten eines neuen Zeitraums in der Geistesgeschichte Europas. Als freie Hochburgen wissenschaftlicher Forschung haben sie sich erhalten, Jahrhunderte hindurch allem Wechsel der Geschicke trotzend, bis auf den heutigen Tag.

Allerdings haben im Laufe der Zeit die Universitäten aufgehört, private Gelehrten-Akademien zu sein; sie sind zu staatlich anerkannten, geförderten, geleiteten Anstalten geworden; zu — vielfach vom Staate selbst neubegründeten — Hochschulen, aus deren Angehörigen Staat und Kirche, Schule und bürgerliche Gesellschaft ausschließlich ihre Seelsorger, Beamten, Ärzte und Lehrer entnehmen: aber der ursprüngliche Charakter ist ihnen dadurch, daß ein neues und hochbedeutsames Element in denselben aufgenommen wurde, nicht verloren gegangen. Die freie Wissenschaft im Dienste der staatlichen Zwecke: das ist der Doppelcharakter der deutschen Universitäten; die akademische Freiheit einerseits und anderseits das staatliche Aufsichtsrecht bilden die treibenden Kräfte ihrer Entwicklung; durch die organische, in der Person der staatlich berufenen Lehrer und in ihrer Lehrmethode gewährleistete, Verbindung von Forschung und Unterricht unterscheidet sich die deutsche Hochschule gleichweit von der Akademie, aus der sie erwachsen ist, wie von der Fachschule, zu der sie so Gott will niemals herabsinken wird.

Liegt aber die Gefahr nicht nahe, daß diese geschichtlich gewordene Verbindung zweier auf den ersten Blick gegensätzlicher Grundgedanken zu schwierigen und langwierigen Grenzstreitigkeiten Anlaß geben könnte? muß nicht der Gedanke sich aufdrängen, daß Staat und Wissenschaft besser fahren würden, wenn sie den gemeinsamen Haushalt lösten? — Ich glaube es nicht. In der Reibung der Gegensätze liegt das Geheimnis der Kraft.

Die Geschichte lehrt uns, daß ernste, das Wesen der Verbindung ergreifende Zerwürfnisse niemals eingetreten sind, mag es auch an kleinen Meinungsverschiedenheiten selten gemangelt haben. Und noch vor wenig Wochen haben wir alle es freudig miterlebt, daß nach wie vor das deutsche Volk mit berechtigtem Stolz, das Ausland mit bewunderndem Neid zu den Universitäten, dieser eigentümlichen, zu kräftiger Blüthe sich entfaltenden Schöpfung des deutschen Geistes emporblickt.

Nur in bezug auf diejenige Fakultät, der anzugehören ich die Ehre habe, scheint die Unzufriedenheit mit der gegenwärtigen Regelung der Grenzen zwischen der freien Wissenschaft und der staatlichen Oberaufsicht von Jahr zu Jahr im Wachsen begriffen zu sein. Immer lauter und ungestümer, aus immer weiteren

Kreisen erklingt der Ruf nach einer gründlichen Reform des juristischen Studiums in Preußen. Ja, fast möchte man meinen, wenn man die lebhafte Debatte verfolgt, welche im Laufe der letzten Monate die Spalten unserer Zeitungen und Zeitschriften erfüllte, als habe sich ein unlöslicher Gegensatz herausgestellt zwischen den Anforderungen der überlieferten akademischen Freiheit und dem unabweislichen Interesse des Staates an der Heranbildung eines tüchtigen Beamtenstandes.

Gern benutze ich die heute mir gebotene Gelegenheit, im Streite der Meinungen das Wort zu ergreifen. Ich folge damit der alten und guten Gepflogenheit, von dieser Stelle aus Angelegenheiten zu erörtern, welche, zunächst den Verhältnissen eines besonderen Zweiges der Wissenschaften entstammend, doch nicht nur das Interesse der gesamten Universität, sondern das geistige Leben des deutschen Volkes überhaupt berühren. Ich gehe mit um so größerer Zuversicht an die Erörterung der heute brennenden Tagesfrage, als ich, tief durchdrungen von der Erkenntnis, daß das juristische Studium in Preußen an den schwersten, für das Gemeinwohl gefährlichsten Gebrechen krankt und sofortige gründliche Abhilfe dringend geboten ist, doch zugleich der festgegründeten Überzeugung mich hingebe, daß uns die Heilung möglich ist, ohne das innerste Wesen der deutschen Hochschulen, die akademische Freiheit, anzutasten.

Seit beinahe einem halben Jahrhundert wollen die Klagen über die Mängel des juristischen Studiums in Preußen — trotz der stets ablehnenden Haltung der Regierung — nicht verstummen[1]). Wie Goldschmidt bemerkt, hat bereits 1842 Christian

[1]) Nachstehend verzeichne ich die mir bekannt gewordene und von mir benutzte Litteratur der Frage.

C. v. Raumer, Die deutschen Universitäten. 2. Aufl. 1854.

Goldschmidt, Das preußische Recht und das Rechtsstudium. Preuß. Jahrbücher III 29 (1859).

Hälschner, Das juristische Studium in Preußen. Bonn 1859.

Friedrich Koch eine gründliche Universitätsbildung und eine strenge erste Prüfung energisch verlangt. Im Jahre 1859 trat Goldschmidt, damals noch Heidelberger Privatdozent, als der

---

Ortloff, Methodologie oder Lehre des Studiums der Rechts- und Staatswissenschaft. Braunschweig 1863.

Eugen Richter, Die Vorbildung der höheren Verwaltungsbeamten in Preußen. Preuß. Jahrbücher XVII. 1. 1866 (mit der drastischen Schilderung der „Schnellassessorenfabrik zu Baumgartenbrück bei Potsdam").

Schäffle, Zur Frage der Prüfungsansprüche an die Kandidaten des höheren Staatsdienstes. Tübinger Zeitschr. XXIV. 601. 1868.

v. Sybel, Die deutschen und die auswärtigen Universitäten. Bonn 1868. 2. vermehrte und verbesserte Aufl. unter dem Titel: die deutschen Universitäten, ihre Leistungen und Bedürfnisse. 1874.

Nasse, Über die Universitätsstudien und Staatsprüfungen der preußischen Verwaltungsbeamten. Bonn 1868.

Goeppert, Bemerkungen zu dem .... Entwurf eines Gesetzes über die juristischen Prüfungen und die Vorbereitung zum höheren Justizdienst. Berlin 1869.

Krüger, Zur Reform der juristischen Prüfungen. Breslau 1869 (gegen Goeppert).

Muther, Die Reform des juristischen Unterrichts. Weimar 1873.

Jolly, Die Ausbildung der Verwaltungsbeamten (Tübinger Zeitschrift XXXI. 420. 1875).

J. B. Meyer, Deutsche Universitäts-Entwicklung, Vorzeit, Gegenwart und Zukunft. Deutsche Zeit- und Streitfragen, III. Jahrg. Heft 48. Berlin 1875.

Dahn, Zur Reform des Rechtsstudiums an den preußischen Hochschulen. Zeitschr. f. d. deutsche Gesetzgebung und einheitliches deutsches Recht VIII. 662. 1875.

Georg Meyer, Das Studium des öffentlichen Rechts und der Staatswissenschaften in Deutschland. Jena. 1875.

v. Bethmann-Hollweg, Über Gesetzgebung und Rechtswissenschaft als Aufgabe unserer Zeit. Bonn 1876.

Lorenz v. Stein, Gegenwart und Zukunft der Rechts- und Staatswissenschaft Deutschlands. Stuttgart 1876.

Kleinwächter, Die rechts- und staatswissenschaftlichen Fakultäten Österreichs. Wien 1876.

Gierke, Die juristische Studienordnung. Jahrb. für Gesetzgebung, Verwaltung und Volkswirthschaft im Deutschen Reich. Neue Folge I 1. 1877.

Ad. Wagner, Zur Statistik und zur Frage der Einrichtung des nationalökonomischen und statistischen Unterrichts an den deutschen Universitäten. Zeitschr. des Kgl. Preuß. Statistischen Büreaus XVII 1877.

erste unter den Fachgenossen in einer ohne Namensnennung in den Preußischen Jahrbüchern erschienenen bedeutsamen Abhandlung für eine durchgreifende Reform des ganzen Studienganges der jungen Juristen, insbesondere für Änderung der Prüfungsordnung und Verlängerung des akademischen Trienniums, in die Schranken. Im wesentlichen in derselben Richtung bewegte sich die ungefähr gleichzeitig erschienene Schrift Hälschner's.

Im folgenden Dezennium war der Kampf auf der ganzen Linie entbrannt. Nasse verlangte dringend die Ausdehnung des Studiums auf die politischen und ökonomischen Disziplinen. Der im Jahre 1868 eingebrachte Regierungsentwurf eines Gesetzes betreffend die juristischen Prüfungen und die Vorbereitung zum

---

L. Goldschmidt, Das dreijährige Studium der Rechts- und Staatswissenschaften. Berlin 1878.

Verhandlungen des 14. deutschen Juristentags. Jena 1878. Gutachten von Gierke I. 1. 3, Gneist I. 1. 119, Fürst I. 2. 77; Bericht von v. Schwarze II 262.

v. Schulte, Gedanken über Aufgabe und Reform des juristischen Studiums. Bonn 1881.

v. Ihering, Scherz und Ernst in der Jurisprudenz. 1884. S. 366 ff.

Stammler, Die Behandlung des Röm. Rechts in dem juristischen Studium nach Einführung des deutschen Reichs-Zivilgesetzbuchs. Freiburg i./B. 1885.

Eisele, das Deutsche Zivilgesetzbuch und das künftige Privatrechtsstudium 1885.

Leonhard, Ein Wort über die juristischen Prüfungen. Köln. Zeitung v. 27. Dez. 1885 Nr. 358 II.

v. Bar in Nr. 22 und 25 der „Nation" 1886.

Aus der durch G. Schmoller hervorgerufenen Zeitungspolemik erwähne ich nur die Aufsätze in der „Allgem. Zeitung" 1886 Nr. 246—248: „Universitätsfragen. Kollegienbesuch und Besuchskontrolle. Von einem deutschen akademischen Lehrer".

Vgl. auch die Verhandlungen der beiden Häuser des preußischen Landtags über das Gesetz vom 6. Mai 1869 betr. die juristischen Prüfungen und die Vorbereitung zum höheren Justizdienst 1868 und 1869;

sowie über den Entw. eines Gesetzes betr. die Befähigung für den höheren Verwaltungsdienst 1875—1877;

endlich die Verhandlungen der Justizkommission des deutschen Reichstages.

höheren Justizdienst (es ist das spätere Gesetz vom 6. Mai 1869) veranlaßte lebhafte und auch heute noch lehrreiche Erörterungen in beiden Häusern des preußischen Landtages, aus welchen Hälschner's Herrenhausrede vom 19. Dezember 1868 besonders hervorragt. Außerhalb des Parlaments besprach Goeppert in leidenschaftsloser aber entschiedener Weise die Gebrechen der durch die Regierungsvorlage im Wesentlichen unverändert gelassenen Zustände.

Noch lebhafter wurde der Kampf in den siebziger Jahren geführt. Muther und Dahn traten für die Reform ein; der greise Bethmann-Hollweg erhob seine warnende Stimme; G. Meyer und Jolly, L. v. Stein und Kleinwächter, Gierke und A. Wagner verfochten mit neuen Gründen die Forderungen der Vertreter des öffentlichen Rechts und der Nationalökonomie. Je näher der Zeitpunkt für die Einführung der großen Reichsjustizgesetze und damit der neuen Gerichtsverfassung heranrückte, um so dringender wurde das Verlangen, durch einheitliche Regelung des juristischen Prüfungswesens für das Gesamtgebiet des deutschen Reiches den zähen Widerstand der Preußischen Büreaukratie zu brechen. Deutlich trat dieses Streben auf den Verhandlungen des 14. deutschen Juristentages (Jena 1878) hervor, auf welchem Gutachter und Berichterstatter, Professoren und Praktiker einmütig waren in der schärfsten und uneingeschränktesten Verurteilung der preußischen Prüfungsordnung. Noch in demselben Jahre erschien Goldschmidt's zweite, meisterhaft geschriebene Abhandlung. Eine reiche, fast zwanzigjährige Erfahrung auf dem Lehrstuhl wie auf der Richterbank verlieh den Worten des Verfassers, dessen Ansicht in allen Hauptpunkten unverändert dieselbe geblieben war, vermehrtes Gewicht, erhöhte Bedeutung.

Aber ungehört verklangen die Klagen; das preußische Justizministerium verharrte auf seinem ablehnenden Standpunkt, ohne sich auf eine Widerlegung der Gründe einzulassen. Und als die neue Gerichtsverfassung für das ganze deutsche Reich ins Leben trat, fand sie in Preußen die alten Übelstände vor. Dem preußischen Juristenstande war durch die Fürsorge des Justizministers bis auf weiteres das beneficium flebile gerettet, weniger wissen zu dürfen, als die Juristen aller andern deutschen Bundesstaaten.

Eine Zeit lang schien es, als hätten die Anhänger der Reform, müde des fruchtlosen Kampfes, die Waffen gestreckt vor der zwingenden Macht der Thatsachen. Aber schon 1881 bewies Schulte's schneidige Rektoratsrede, daß es sich nur um eine kurze Waffenruhe gehandelt habe. Andre folgten nach. Die Frage ist seitdem nicht zur Ruhe gekommen. Und als vor wenig Wochen G. Schmoller in kurzen, aber bitterbösen Worten den Unfleiß der juristischen Studierenden verdientermaßen an den Pranger stellte und die einschneidendsten Beschränkungen der akademischen Freiheit verlangte, da bewies die lebhafte Erörterung der Frage in allen Tagesblättern, daß eine zehrende Wunde nicht nur im Leben der Universitäten, sondern in dem Organismus unseres ganzen Volkes von schonungsloser Hand bloßgelegt war. Hinüber, herüber wogt heute der Kampf. Wenn nicht alle Zeichen trügen, so stehen wir am Vorabend der Entscheidung. Mir ist es keinen Augenblick zweifelhaft, daß sie eine gründliche Umgestaltung unserer heutigen Zustände herbeiführen muß, soll nicht eine der schwersten Gefahren heraufbeschworen werden, die ein mitten in der kräftigsten Entwicklung begriffenes Volk treffen können: Mißtrauen in die Gründlichkeit seiner Rechtspflege, in die Tüchtigkeit seiner Verwaltung.

I.

Wenn ich die während einer neunsemestrigen Lehr-Thätigkeit an der hiesigen Universität sich mir aufdrängenden Erfahrungen in Bezug auf Fleiß und Kenntnisse der Studierenden mit denjenigen vergleiche, welche ich in den drei Jahren meines Gießener Aufenthalts oder sieben Semester lang als Grazer Privatdozent gemacht habe, so treten zunächst zwei unzweifelhafte Thatsachen mit vollster Bestimmtheit vor allen anderen mir entgegen; die eine ist der an sich Graz wie Gießen gegenüber wesentlich geringere und noch dazu von Semester zu Semester abnehmende Fleiß der hiesigen Studierenden in dem Besuch der juristischen Vorlesungen; die andere, deren ursächlicher Zusammenhang mit der ersten wohl kaum eines Nachweises bedarf, ist die geradezu erschreckende Unwissenheit der Examens-Kandidaten. Ich kann ohne jede Übertreibung sagen, daß ich, so lange ich in Marburg als Lehrer thätig bin, noch keinen Kandidaten kennen gelernt habe, der im stande gewesen wäre, in Österreich oder in Hessen die entsprechenden Prüfungen auch nur mit der schlechtesten Note zu bestehen. Am besten noch sind zumeist die Kenntnisse aus dem römischen Privatrecht; aus Handels- und Wechselrecht, aus Strafrecht und Zivilprozeß finden sich ab und zu wenigstens dürftige und oberflächliche Anfangsgründe; Strafprozeß, römische und deutsche Rechtsgeschichte, Staatsrecht, Kirchenrecht, Völkerrecht wird nur ganz ausnahmsweise kurz vor der Prüfung auf das flüchtigste durchgenommen; von den durch das Gesetz vom 6. Mai 1869 geforderten Grundlagen der Staatswissenschaften aber ist wohl überhaupt niemals die Rede.

Dieses anscheinend harte Urteil wird, so viel ich sehen kann, von allen Kundigen ohne Einschränkung geteilt[2]).

[2]) Bezüglich der Unwissenheit der juristischen Kandidaten in allen nicht rein privatrechtlichen Fächern vgl. unten Note 10. — Die Klagen über den Unfleiß der Studierenden unserer Fakultät sind ebenso alt wie allgemein. Man vgl. Hälschner 19, Goeppert 15, Gierke (1877) 16, Goldschmidt (1878) 29, Schulte 16, Leonhard a. O., Schmoller a. O., v. Bar a. O. — Nach meinen Erfahrungen haben sich die Zustände in den letzten Semestern noch wesentlich verschlechtert. Wenn von zehn angemeldeten Zuhörern Einer ganz regelmäßig die Vorlesungen besucht, so ist das ein besonders erfreulicher und vom Lehrer dankbar anerkannter Ausnahmsfall; meist pflegen etwa vier Zehntel unregelmäßig, d. h. mit mehrwöchentlichen Pausen, die übrigen sechs Zehntel nur ab und zu ins Kolleg zu kommen. Wir sind demnach gezwungen, unsere systematischen Vorlesungen vor einem stets wechselnden Auditorium zu halten. Welche Erfolge unter diesen Verhältnissen der eifrigste Lehrer zu erzielen im stande ist, bedarf keiner Ausführung. Auch ist es wohl klar, daß mitunter die ganze Anspannung des Pflichtbewußtseins erforderlich ist, damit dem Lehrer selbst nicht alle Freude, alles Interesse an der Vorlesung verloren gehe. — Ausdrücklich möchte ich hier schon betonen, daß im Gegensatze zu den systematischen Vorlesungen der Besuch der Seminarübungen nach meinen Erfahrungen ein sehr guter ist und durchschnittlich 90 bis 100 Prozent der Angemeldeten sich ganz

Sind diese beiden Thatsachen allein schon bedenklich genug, so halte ich doch eine weitere Erscheinung, auf welche besonders hinzuweisen ich nicht unterlassen kann, für noch beklagenswerter und gefahrdrohender. Das ist der Mangel an allgemeiner Bildung, ja auch nur des Strebens nach einer solchen, der bei unseren jungen Juristen mehr und mehr zur Regel zu werden droht. Man frage unsere Historiker und Philosophen, die Vertreter der klassischen Sprachen oder der Naturwissenschaften, wie viele Juristen bei ihnen Vorlesungen über Gegenstände von allgemeinem Interesse zu hören oder auch nur zu belegen pflegen, und man wird erfahren, daß alle andern Fakultäten, die vielbeschäftigten und meist auch räumlich getrennten Mediziner nicht ausgenommen, einen größeren Prozentsatz von Zuhörern stellen als gerade diejenige Fakultät, welche mit Psychologie und Logik, mit Nationalökonomie und Sozialpolitik, mit politischer Geschichte und Sprachwissenschaft, mit Psychiatrie und gerichtlicher Medizin die zahlreichsten und nächsten Berührungspunkte hat. Oder man frage unsere Bibliotheksbeamten, welche nicht-juristischen Bücher unsere jungen Juristen entlehnen und man wird eine Statistik erhalten, welche einen tiefen und traurigen Blick thun läßt in die geistige Verödung desjenigen Standes, der bisher die Führung in unserem gesamten öffentlichen Leben inne gehabt hat.

Da ist es denn kein Wunder, wenn die mühsam erworbenen Gymnasialkenntnisse stückweise abbröckeln; wenn die Gewohnheit geistiger Anspannung verloren geht; wenn der Geist, dem keinerlei Nahrung zugeführt wird, allmählich verödet; wenn die bedeutsamsten Ereignisse unseres geistigen Lebens spurlos an dem stumpfgewordenen jugendlichen Gemüte vorüberziehen.

Ohne alle gründlichen Fachkenntnisse, mit den kümmerlichen Resten der vom Gymnasium herübergeretteten allgemeinen Bildung; ohne jede Liebe zur Wissenschaft, auf die sie als graue, im Examen nur hinderliche Theorie herabblicken; ohne jede An-

---

regelmäßig an den Arbeiten beteiligen (vgl. unten S. 26). — Die in Nr. 247 der „Allgem. Zeitg." v. 1886 aufgestellte Berechnung über das Schwanken der Frequenzziffern während des Semesters ist wenigstens für Marburg ganz unrichtig.

hänglichkeit an den Lehrer, den sie vielleicht nur zweimal im Semester, bei der Überreichung des Anmeldebuches, zu Gesicht bekommen haben; ohne Verständnis, und darum auch ohne jede Begeisterung für die großen unser Volk bewegenden Zeitfragen, Philister trotz des dreifarbigen Bandes, dem Handwerkergeiste rettungslos anheimgefallen — so verläßt die Mehrzahl unserer jungen Juristen den Tempel der Wissenschaft, den sie, lediglich um ein notdürftiges Examen bemüht, zur Krämerbude gemacht haben. Das ist der Stoff, aus dem Preußen seine Richter, seine Verwaltungsbeamten machen, das sind die Männer, aus welchen das deutsche Volk die künftigen Führer in den Kämpfen des öffentlichen Lebens entnehmen soll!

Und doch sollte darüber kein Zweifel möglich sein, daß neben umfassenden allgemeinen Kenntnissen eine gründliche wissenschaftliche Fachbildung dem künftigen juristischen Praktiker unentbehrlich ist. Sichere Herrschaft über die täglich mehr anschwellende Flut von Gesetzen aller Art ist durchaus unmöglich, wenn nicht die Rechtsnormen, auf ihre leitenden Grundgedanken zurückgeführt, zum geschlossenen System gefügt, nach ihrem gegenseitigen Zusammenhange gegliedert, dem geistigen Auge des Praktikers stets gegenwärtig sind. Die Gewandtheit in der Anwendung der Rechtssätze auf die stets wechselnden, von Tag zu Tag verwickelter sich gestaltenden Erscheinungen des Rechtslebens kann nicht erworben werden, wenn nicht der Blick, durch jahrelange Übung geschärft, sich daran gewöhnt hat, das Wesentliche von dem Zufälligen zu sondern, hinter der Form der Erscheinung den sachlichen Inhalt zu finden. Ich wäre der letzte, die große Bedeutung des praktischen Vorbereitungsdienstes zu unterschätzen; aber das System der Rechtswissenschaft kann er niemals geben, und die juristische Methode ebensowenig.

Der praktische Jurist ist also ebensosehr auf den wissenschaftlichen Unterricht der Universität angewiesen, wie der Arzt, der Lehrer, der Theologe. Ich leugne ja gar nicht, daß es ausnahmsweise begabten und ausnahmsweise fleißigen Männern möglich ist, durch eigenes Studium und praktische Erfahrung noch in reiferen Jahren Ergebnisse und Methode der Rechtswissenschaft sich zu eigen zu machen. Aber auch dem begabtesten und fleißigsten Autodidakten wird es nicht ohne unverhältnismäßige Opfer an Zeit und Kraft, nicht ohne zahlreiche, ermüdende Irr- und Umwege, ohne gar manchen für das Gemeinwohl höchst gefährlichen Fehler gelingen, dieses Ziel zu erreichen. Und der großen Masse unserer jungen Juristen, die weder ungewöhnlich begabt noch übermäßig fleißig zu sein pflegen, gelingt es ganz sicher nicht. Vielleicht hat einmal der eine oder der andere das Schwimmen wirklich in der Weise erlernt, daß er einfach ins Wasser geworfen und seinem Schicksale überlassen wurde; aber ich glaube nicht, daß viele von uns diese Methode einem regelmäßigen Schwimmunterrichte vorziehen möchten.

Die Notwendigkeit einer gründlichen wissenschaftlichen Bildung ist durch die Einführung der Reichszivilprozeßordnung sehr wesentlich gesteigert worden. Nicht nur deshalb, weil die mündliche öffentliche Verhandlung ungleich höhere Anforderungen an alle Beteiligten stellt in Bezug auf den Umfang und die stete Verfügbarkeit der Kenntnisse wie in Bezug auf die jedem unerwarteten Einwand gegenüber gerüstete formelle Gewandtheit; sondern ganz besonders darum, weil das neue Verfahren, wie alle Sachverständigen schon vor 1879 betonten, ungleich weniger als der gemeine Prozeß geeignet ist, die gründliche wissenschaftliche Ausbildung der Referendare zu fördern[3]). So weist gerade der Fortschritt unserer Reichsgesetzgebung mit immer größerer Entschieden-

[3]) Ein Beispiel für viele. Gneist sagte auf dem 14. d. Juristentag (II 113): „Ich kann als Zeuge versichern, daß in den vierzig Jahren, während welchen ich im beinahe täglichen Verkehr mit denen stehe, welche die Ausbildung unserer Praktikanten völlig übersehen, mir kein ernstes Urteil vorgekommen ist, welches nicht zugestände, daß wir mit jedem Element des schriftlichen Prozesses und der Justizverwaltungsgeschäfte, ein Element der Ausbildung des Praktikers verloren haben, und daß wir von Jahrzehnt zu Jahrzehnt die Anforderungen an den praktischen Kursus trotz alles Widerstrebens um etwas haben herabstimmen müssen. Die Reichsgesetze bedeuten für diese abwärts gehende Richtung aber nur ein beschleunigtes Tempo." — Man vgl. auch Goldschmidt (1878) 69.

heit auf die gebieterische Notwendigkeit einer gründlichen Universitätsbildung hin.

Ist das Gesagte überhaupt richtig, dann ist es aber auch klar, daß ein einseitig privatrechtliches, im Wesentlichen auf Pandekten beschränktes Studium, selbst wenn es noch so gründlich betrieben werden sollte, in keiner Weise ausreicht, um den künftigen Praktiker zur Erfüllung der ihm gestellten Aufgaben zu befähigen. Die Strafrechtspflege stellt neue und wesentlich andere Anforderungen an Richter, Staatsanwalt, Verteidiger. Soll sie ihre hohe und schwere Aufgabe erfüllen, die Rechtsgenossen und zwar die Gesamtheit derselben wie jeden Einzelnen zu schützen gegen verbrecherische Angriffe, so ist für die an ihr Beteiligten eine dürftige Kenntnis der Strafgesetze, eine gewisse formalistische Gewandtheit in Auslegung und Anwendung der Rechtsnormen in keiner Weise genügend. Der strafrechtliche Praktiker muß in der Seele des Verbrechers wie in einem offenen Buche lesen können; er muß genau bekannt sein mit all' den dunklen Seiten des gesellschaftlichen Lebens, bewandert mit der eigentümlichen, fast ständisch geschlossenen Gestaltung des berufsmäßigen Verbrechertums; er muß die Strafe erkannt haben als eines der staatlichen Sicherungsmittel, das neben gar manchem andern der planmäßigen und zielbewußten Bekämpfung des Verbrechens zu dienen bestimmt ist. Psychologie und Psychiatrie, Kriminalstatistik und die weitverzweigten Gebiete des Gefängniswesens müssen ihm durchaus geläufig sein, soll er nicht zeitlebens ein Stümper bleiben, der wahrhaftig vor dem Geschworenen nichts voraus hat als etwas Routine. Je weniger der heutige Vorbereitungsdienst geeignet ist, gründliche und umfassende Kenntnisse auf diesen Gebieten zu vermitteln, desto wichtiger, desto unerläßlicher wird der akademische Unterricht auf dem weiten Felde der Strafrechtswissenschaft.

Ganz besonders aber möchte ich auf die Notwendigkeit einer gründlichen öffentlichrechtlichen und nationalökonomischen Bildung unserer juristischen Praktiker hinweisen. Ich will gar nicht davon sprechen, daß Niemand den Zusammenhang und damit die eigentliche Bedeutung der Rechtssätze überblicken und würdigen kann, dem die eine große Hälfte des Systems völlig unbekannt geblieben ist; daß Niemand ein guter Richter oder Anwalt in Angelegenheiten des Verkehrs sein kann, der keine Ahnung von der volkswirtschaftlichen Bedeutung von Handel und Wandel besitzt; daß auch der Zivilrichter oft genug in die Lage kommen kann, Fragen des öffentlichen Rechts zu beurteilen und daß nichts verkehrter und gefährlicher wäre, als an diese mit den landläufigen privatrechtlichen Vorstellungen heranzutreten. Aber so lange die Verwaltungsbeamten fast aller Zweige denselben Bildungsgang durchzumachen haben wie die künftigen Justizbeamten — und soviel ich weiß, wünscht Niemand in Preußen eine Nachahmung der süddeutschen Einrichtungen, nach welchen die Sonderung der beiden Berufszweige schon an der Universität durchgeführt wird —, ebensolange muß Kenntnis des Staatsrechts und des Verwaltungsrechts, der Nationalökonomie und der Finanzwissenschaft von jedem Juristen ohne Ausnahme gefordert werden. Diese Kenntnisse aber können wiederum nur an der Universität in umfassender und gründlicher Weise erworben werden.

Es sei mir gestattet, noch einen Gesichtspunkt hervorzuheben, auf dessen Betonung ich großes Gewicht lege. Die neuen Verhältnisse haben neue und schwierige Aufgaben nicht nur für die Regierungen und ihre Beamten, sondern auch für die Volksvertretungen und die Presse, für die Organe der Selbstverwaltung und die einzelnen Berufsstände mit sich gebracht. Die alten, inhaltlos gewordenen Gegensätze der liberalen und konservativen Parteipolitik sind in den Hintergrund getreten. Die Lösung der großen sozialpolitischen Fragen — das Wort im weitesten Sinne genommen — bildet die Aufgabe der nächsten Zukunft. An dieser Aufgabe mitzuarbeiten sind die Juristen aller Art in erster Linie berufen, in der Gesetzgebung wie in der Verwaltung. Meint man im Ernste, daß einseitig privatrechtliche Bildung für diesen Zweck genügt? Daß mit den Formeln des Zivilrechts die Lösung der sozialpolitischen Fragen gelingen wird? Wenn das Mißtrauen gegen die „Juristen" nicht nur in Regierungskreisen, sondern auch in den weitesten Schichten der Bevölkerung um sich gegriffen hat, wenn infolge der auf allen Gebieten des öffentlichen Lebens bewiesenen Unfähigkeit unseres Reichstages die Gleichgültigkeit, ja die

Abneigung gegen parlamentarische Einrichtungen von Jahr zu Jahr gestiegen ist — liegt es nicht zum guten Teile daran, daß unser gesamter Juristenstand sich daran gewöhnt hat, Fragen des öffentlichen Rechts nur vom privatrechtlichen Standpunkte aus zu betrachten?[4])

Man glaube doch nicht, alle Klagen über die mangelhafte Ausbildung unserer Juristen durch den Hinweis auf die anerkannte Tüchtigkeit des preußischen Beamtenstandes entkräften zu können. Schon Goldschmidt hat zum Motto seiner im Jahre 1878 veröffentlichten Schrift die Worte genommen, welche Fürst Bismarck, gewiß kein Freund der bloßen Theorie, am 19. Dezember 1868 im preußischen Herrenhause geäußert hat (Stenogr. Ber. I. 119):

„Es spricht wesentlich für die Tüchtigkeit der Menschenrasse, die Preußen bewohnt, wenn die aus ihr hervorgehenden Beamten durch die bestehenden Einrichtungen nicht verhindert worden sind, dem Staate so wesentliche Dienste zu leisten, wie sie geleistet haben."

Auch an eine zutreffende Bemerkung Gierke's (1877. 12) möchte

---

[4]) Die Notwendigkeit des Studiums des öffentlichen Rechts und der sog. Staatswissenschaften wird von allen Seiten betont. Vgl. Gierke 1877 S. 24 Gutachten 12, Gneist 14. Juristentag II 217, Muther 14, Schulte 15. Besonders aber Nasse, Schäffle, G. Meyer, v. Stein, Kleinwächter in den oben Note 1 angeführten Schriften. Einige Stellen mögen genügen.

Goeppert 16: „Der ganze Gang unserer politischen Entwicklung — man hat es längst bemerkt — ist nicht unerheblich dadurch beeinflußt worden, daß wir heutigen Juristen so gut wie ausschließlich Privatrechts-Juristen sind".

Goldschmidt 1878 S. 62: „Wer ohne ordentliches Wissen mindestens vom öffentlichen Recht und von politischer Oekonomie gegenwärtig in das öffentliche Leben tritt, weiß nur einen Teil des Unerläßlichen, steht ratlos und jedem Windhauche öffentlicher Meinung preisgegeben da in dem immer gewaltiger anschwellenden Kampf der sozialen Interessen".

Nasse 36: „Mir scheint, der preußische Staat hat schon die Erfahrung gemacht, daß es nicht wünschenswert ist, wenn infolge dieses Einflusses (der Richter und Advokaten) politische Fragen ausschließlich vom privatrechtlichen Standpunkt erörtert werden".

ich erinnern. Gierke sagt: „Man wird mit dem Hinweis auf die Vortrefflichkeit des preußischen Beamtentums erwidern. Aber man sehe sich vor, daß es diesem Axiom nicht wie so manchen andern ergeht: sie werden so oft wiederholt und so unschütterlich geglaubt, bis sich endlich eines Tages zeigt, daß sie wahr — gewesen sind."

Die bereits zu Tage getretenen Mängel unserer Verwaltung hat Gierke in eindringlicher Weise geschildert. Und kann man es ernstlich in Abrede stellen, daß, mögen auch manche Klagen übertrieben sein, die Einführung des mündlichen Zivilverfahrens wenigstens in einem Teile der Monarchie Übelstände an den Tag gebracht hat, welche sich nur daraus erklären lassen, daß unser Juristenstand vielfach jenen hohen Anforderungen zu genügen nicht im stande ist, welche der Gesetzgeber an ihn gestellt hat? Sollte jemand wirklich den Mut haben zu leugnen, daß unsere Strafgesetzgebung, unsere Strafrechtspflege, unser Strafvollzug an den schwersten, unerträglichsten Mängeln leiden[5]); daß insbesondere die Rechtsprechung unserer Strafkammern längst nicht mehr und zum Teil aus guten Gründen, das Vertrauen der Bevölkerung genießt; daß das Verlangen nach Wiedereinführung der Berufung, nach Entschädigung unschuldig Verurteilter, nach strengerer Bestrafung der Gewohnheitsverbrecher in keinem andern Bundesstaate so dringend und so allgemein laut geworden ist wie gerade in Preußen? In der That, wenn man auch heute wieder wie früher auf all' unsere Klagen und Vorschläge mit dem Hinweis auf die Vortrefflichkeit unserer preußischen Zustände in Gericht und Verwaltung anworten wollte — der Zeitpunkt wäre herzlich schlecht gewählt.

Ich stehe nach dem Gesagten keinen Augenblick an, mich der übereinstimmenden Meinung aller meiner Vorgänger rückhaltslos anzuschließen und den Mangel jedes genügenden akademischen Studiums bei unseren jungen preußischen Juristen für

---

[5]) Ich werde demnächst Gelegenheit haben, in der „Zeitschrift für die gesamte Strafrechtswissenschaft" in eingehender Weise auf diesen Punkt zurückzukommen.

eine ebenso beklagenswerte wie gefahrdrohende Erscheinung unseres Volkslebens zu erklären, welche der ernsten Aufmerksamkeit der leitenden Staatsmänner würdig wäre.

Wollen wir aber weiter über die Mittel uns verständigen, von deren Anwendung eine Verbesserung des gegenwärtigen trostlosen Zustandes zu erwarten wäre, so ist es notwendig, vorerst die Ursachen ins Auge zu fassen, welche zu demselben geführt haben. Ich werde mich dabei streng auf diejenigen Punkte beschränken, welche im Umkreise meiner eigenen Erfahrung liegen und der Versuchung widerstehen, insbesondere auch auf die Einrichtung des praktischen Vorbereitungsdienstes und der sog. Assessorprüfung einzugehen.

II.

Es ist so außerordentlich bequem, für den Unfleiß und die durch diesen verursachte Unwissenheit unserer jungen Juristen die Professoren und ihre Lehrmethode verantwortlich zu machen. Ein paar alte Meidinger über Professoren-Untugenden stehen ja stets zu Gebote und sind des Beifalls der Zuhörer sicher, von welchen wohl kaum einer aus eigener Anschauung weiß, wie es heute in unseren Hörsälen zugeht, von welchen auch kaum einer das Bedürfnis empfindet, die thatsächliche Grundlage seines wegwerfenden Urteils gewissenhaft festzustellen.

Versuchen wir es, uns über die Aufgabe und Methode des juristischen akademischen Unterrichtes zu verständigen, um die Berechtigung jenes Vorwurfes zu prüfen.

Die nächste Aufgabe, die wir als Lehrer des Rechts zu lösen haben, ist meiner Auffassung nach eine doppelte. Wir müssen einerseits dem jungen Juristen in dem großen Rahmen eines geschlossenen Systems den Zusammenhang der Rechtsnormen und ihre Bedeutung für die Regelung des Rechtslebens darstellen. Derartige streng systematische Vorlesungen werden bei dem eigentümlichen hier nicht näher zu erörternden Charakter der Rechtswissenschaft (ich erinnere an die Bedeutung des logischen Elementes für die juristische Begriffsbildung) niemals entbehrt werden können, und es ist eitel Stümperei, sie etwa (wie das von seiten eines bekannten Kollegen geschieht) durch das Abfragen eines Lehrbuches ersetzen zu wollen. Von der Individualität des Lehrers und der Beschaffenheit der vorhandenen litterarischen Hülfsmittel wird es abhängen, ob diese Vorlesungen, was ich für das Beste halte, als freier Vortrag an ein vorhandenes brauchbares Lehrbuch sich anschließen oder ob sie, wenn es an einem solchen fehlt, die Gestalt eines kurzen, mit freiem Vortrage verbundenen Diktates annehmen.

Wir sollen aber anderseits dem Schüler auch die Methode der juristischen Arbeit klarlegen. Es geschieht dies meines Erachtens am besten dadurch, daß ein einzelnes, kleineres und möglichst abgeschlossenes Gebiet herausgegriffen und an der Hand der Gesetzgebung, der Litteratur und der Rechtsprechung, unter eingehender Berücksichtigung aller wichtigeren Kontroversen, unter genauer Besprechung möglichst zahlreicher praktischer Fälle behandelt, also etwa, wenn ich so sagen darf, in monographieenartiger Breite vor dem Zuhörer durchgearbeitet wird.

Prüfen wir nun von diesem Standpunkte aus die heute herrschende Unterrichtsweise, so werden wir zugeben müssen, daß sie im wesentlichen den gestellten Anforderungen durchaus entspricht. Nur der eine Vorwurf kann wohl einer Anzahl unserer Kollegen nicht erspart werden, daß sie bei der Darstellung des Systems zu viel Gewicht auf die Ueberlieferung des gesamten Stoffes in allen seinen Einzelheiten legen und damit den Hauptzweck der streng systematischen Vorlesung aus den Augen verlieren. Die notwendigen Folgen dieses pädagogischen Fehlers sind das übermäßige Anschwellen der Stundenzahl (mit dem ganz verwerflichen Duplieren und Triplieren der Stunden am Schlusse des Semesters), sowie eine unverhältnismäßige Breite des Diktates, das den Kampf mit dem Lehrbuch aufnehmen möchte, ohne doch jemals diesem gewachsen zu sein.

Die Aufgabe des akademischen Lehrers der Rechtswissenschaft ist aber mit den eben geschilderten Vorlesungen, bei welchen der Studierende sich lediglich rezeptiv verhält, nicht erschöpft. Der

Lehrer soll weiter dahin wirken, die eigene Thätigkeit des Studierenden anzuregen, zu fördern, zu überwachen. Die Rechtswissenschaft soll ja die Lehrerin der Rechtspflege sein. Diesem Zwecke dienen die juristischen Seminare. Fast scheint es, wenn man die Reden und Abhandlungen unserer Politiker in Parlament und Presse verfolgt, als ob von der Existenz dieser Einrichtung in weiteren juristischen Kreisen gar keine oder doch nur recht dunkle Vorstellungen vorhanden wären. Und doch bestehen die Seminare seit einer ganzen Reihe von Jahren wohl an allen preußischen Juristenfakultäten und erfreuen sich eines regen, gegen den sonst hervortretenden Unfleiß sehr lebhaft abstechenden Besuches von seiten der Studierenden. Auch in dieser Hinsicht sind also die gegen uns Professoren erhobenen Vorwürfe unbegründet und nur durch den weit verbreiteten Mangel an Sachkenntnis erklärbar. Aber man vergesse nicht, daß unter den heute noch herrschenden Verhältnissen die Erfolge der juristischen Seminare nur ganz bescheidene sein können. Selbständige Arbeiten eines Studierenden, mögen sie sich auch auf die Besprechung und Entscheidung eines leichteren praktischen Falles beschränken, setzen eine nicht unbedeutende Summe von juristischen Kenntnissen voraus. Wenn, wie das heute fast ausnahmslos der Fall ist, die Teilnehmer an den Seminarübungen bisher weder eine Vorlesung besucht, noch ein Buch angesehen haben, so geht mehr als die Hälfte des Semesters für die eigentlichen Seminarzwecke verloren. Praktische und theoretische Übungen haben den Abschluß der Vorlesungen zu bilden, dürfen aber nicht als Ersatz derselben betrachtet werden. Billig konnte man daher über die auch in den maßgebenden Kreisen herrschende Unklarheit in der Auffassung der Verhältnisse erstaunt sein, als eine von den Ministerien der Justiz und des Unterrichts vereinbarte Verfügung im vorigen Jahre die Fakultäten anwies, die Studierenden wiederholt auf den hohen Wert der Seminarübungen aufmerksam zu machen[6]).

[6]) Ich weiß sehr wohl, daß in der Einrichtung der juristischen Seminare noch gar manches geändert werden kann. Es mag mir gestattet sein, an dieser Stelle meine Ansichten dem Urteile der Fachgenossen zu unterbreiten. Drei Dinge müssen meines Erachtens auseinander gehalten werden.

Da nach dem Gesagten eine wesentliche Änderung unserer Lehrmethode weder notwendig noch wünschenswert ist, kann diese

Zunächst lassen sich mit den systematischen Hauptvorlesungen selbst eine ganze Anzahl von Nebenvorlesungen verbinden, durch welche der abstrakte und darum für den Zuhörer wenig anziehende Stoff anschaulicher gemacht wird. So kann ganz gut schon im ersten Semester Gajus, im zweiten ein leichterer Pandektentitel gelesen werden. Man beachte dabei nur, daß bei solchen „Übungen" die eigene Thätigkeit des Studierenden eine ganz untergeordnete, etwa auf Lesen und Übersetzen sich beschränkende, bleiben muß; die Erklärung ist auf dieser Stufe des Unterrichts noch Sache des Lehrers. Ich selbst habe wiederholt, und zwar ohne Vermehrung der Stundenzahl (darauf lege ich großes Gewicht) in der Vorlesung über Strafrecht eine Stunde wöchentlich von der ersten Woche an der kursorischen Erklärung des Strafgesetzbuchs unter Erörterung geeigneter praktischer Fälle gewidmet. Ich habe mit sehr gutem Erfolge in derselben Weise meinen Zuhörern im Zivilprozeßrecht gleich in der ersten Woche die (gedruckten) Akten eines praktischen Falles in die Hand gegeben und einmal wöchentlich mit ihnen durchgesprochen. Da jedes System mit den höchsten und darum abstraktesten Begriffen anheben muß, deren Wert dem Anfänger nicht einleuchten kann, deren eingehende Erörterung ihn darum kalt lassen muß, ist eine derartige Betonung des konkreten, einfachen und darum anschaulichen Urmaterials gerade in den ersten Wochen von kaum zu überschätzender Bedeutung. Ins „Seminar" aber gehören solche Erörterungen nicht. — Die eigentlichen Seminarübungen sollen meiner Meinung nach, da ja der künftige Praktiker berufen ist die erworbenen Kenntnisse auf das Rechtsleben anzuwenden, die Rechtswissenschaft im Dienste der Rechtspflege zu verwerten, vorzugsweise in der Behandlung praktischer Fälle bestehen. Die Durchführung dieses Gedankens muß dem individuellen Ermessen des einzelnen Lehrers überlassen bleiben. Doch dürfen diese Übungen weder in Repetitorien ausarten und den Einpaukern Konkurrenz machen, noch zu wissenschaftlichen Spezialuntersuchungen werden. Sie haben sich an die rein theoretischen Vorlesungen als deren notwendige Ergänzung anzuschließen und es ist darum ganz verkehrt, sie im Gegensatze zu diesen unentgeltlich zu halten oder gar Prämien zu verteilen. Die Zahl der Teilnehmer kann und darf nur eine beschränkte sein, sollen sie ihren Zweck erreichen. Mehr als etwa zwanzig schriftliche Arbeiten alle Wochen kann kein Lehrer mit der nötigen Genauigkeit durchsehen; mehr als zwanzig Teilnehmer kann er nicht in ihrer Individualität beurteilen und berücksichtigen. Die strenge Durchführung dieses Grundsatzes würde auch den kleineren preußischen Juristenfakultäten die ihnen heute arg gefährdete Stellung zurückgeben. — Wesentlich andern Charakter tragen nach meiner Auffassung die wissenschaftlichen Übungen. Sie sind nicht für die große

Frage bei der weiteren Betrachtung füglich ganz außer Acht gelassen werden.

Mit viel größerer Berechtigung als auf die „unpraktische“ Einrichtung der juristischen Vorlesungen könnte der Unfleiß der Studenten zurückgeführt werden auf den unwissenschaftlichen Geist der preußischen Praxis. Gern lasse ich zu diesem Punkte berufenere Männer sprechen.

Gneist sagt in seinem Gutachten an den 14. deutschen Juristentag (S. 152):

„Unsere preußische Praxis lebt leider schon zu lange auf gespanntem Fuße mit der „bloßen Theorie“. Die Universitäten haben so lange das preußische Landesrecht vornehm ignoriert und die preußische Gerichtsordnung verspottet, die preußischen Praktiker haben so lange ihre geringe Meinung von der „bloßen Theorie“ zur Schau getragen, daß in unserm Lande eine gegenseitige Entfremdung entstehen konnte, welche in den übrigen deutschen Gebieten kaum verständlich ist. Ein sachlicher und persönlicher Zusammenhang zwischen beiden Seiten hat in Preußen allmählich ganz aufgehört, seitdem die Thätigkeit der Juristenfakultäten als Spruchkollegien erlischt; seitdem kaum noch ein Praktiker zur Universität übergeht; seitdem kein Professor mehr in die Gerichtskollegien eintritt; seitdem die unfreundlichen Maßregeln der Justiz-

Menge der Studierenden bestimmt, sondern für die kleine Zahl derjenigen, welche Begabung, Fleiß und Zeit für selbständige wissenschaftliche Thätigkeit, wenn auch in bescheidenem Umfange, besitzen. In erster Linie würde es sich also um Arbeiten von dem wissenschaftlichen Werte tüchtiger Doktorsdissertationen handeln. In zweiter Linie könnten diese Übungen zur Heranbildung eines kräftigen Nachwuchses von jungen Gelehrten dienen. Daß in Bezug auf die Einrichtung dieser „Institute“, wie ich sie zum Unterschiede von den Seminarien nennen möchte, alles der Individualität des Lehrers überlassen bleiben muß, daß es durchaus überflüssig ist, sie an jeder Fakultät für sämtliche juristische Zweige ins Leben zu rufen, bedarf keines Nachweises. Wie ich selbst mir die Einrichtung denke, habe ich hier nicht weiter auseinanderzusetzen. Mir kam es nur darauf an, den Unterschied der drei Gruppen von „Übungen“ scharf zu betonen und vor jeder Vermischung derselben eindringlichst zu warnen.

verwaltung jede gleichzeitige Thätigkeit der Praktiker bei den Universitäten grundsätzlich hindern; seitdem die Budgetbeschlüsse des Abgeordnetenhauses jede Thätigkeit der Universitätslehrer an den Gerichten unmöglich machen[7])."

Goldschmidt (1878) schreibt (S. 27): „Und alle diese Ursachen zusammen haben dann wieder in einem sehr beträchtlichen und einflußreichen Teile des preußischen Juristen- und Beamtenstandes eine erschreckende, nahezu cynische Verachtung aller juristischen Wissenschaft, die blinde Vergötterung einer mehr als Rademacher'schen rohen Empirie und Routine großgezogen, für welche es bei jedem andern Bildungszweige in Preußen selbst, für das Gebiet der Rechts- und Staatswissenschaften in jedem andern Lande europäischer Kultur . . . . . an jedem Analogon fehlt."

Und Gierke sagt (1877 S. 12): „Hier handelt es sich nicht mehr um das entschuldbare Selbstgefühl des praktischen Talents, geschweige denn um den edlen Stolz des der Regeln spottenden Genies: es handelt sich einfach um den kleinlichen Hochmut des auf die technische Routine pochenden Handwerks."

Leider sind diese Urteile, denen ich vollkommen beipflichte, auch heute noch in jedem Worte richtig. Die Mißachtung rein wissenschaftlicher Thätigkeit durchzieht alle Kreise der preußischen Büreaukratie. Aus ihr aber stammt die große Mehrzahl unserer juristischen Studierenden. Darf man es diesen übelnehmen, wenn sie die Anschauung der Väter und Großväter herübernehmen in ihr akademisches Leben, die vererbte und anerzogene Mißachtung der Wissenschaft und ihrer Vertreter zur Richtschnur ihres Verhaltens an der Universität machen?

Vorüber sind die Zeiten, in welchen sich „Gesetz und Rechte,

---

[7]) Nur ganz nebenher möchte ich betonen, daß nach meiner festen Ueberzeugung die Verwendung einzelner dazu geeigneter und williger Rechtslehrer als Hülfsrichter von kaum hoch genug anzuschlagender Bedeutung für die Befruchtung des akademischen Unterrichtes wäre. Sachsen hat uns in dieser Beziehung ein höchst beachtenswertes Beispiel gegeben. Wenn dieses in Preußen bisher keine Nachahmung gefunden hat, so liegt, wie wohl jedermann weiß, die Schuld nicht an den Rechtslehrern.

wie eine ew'ge Krankheit" fortgeerbt. In dem unter Preußens Führung neu erstandenen deutschen Reich ist uns, wiederum unter dem Vortritte Preußens, ein Reichsrecht emporgeblüht, mit uns geboren, von kräftiger deutscher Eigenart. Aber Preußens Juristen ist das Herz nicht warm geworden, der Sinn nicht aufgegangen für die wissenschaftliche Pflege des neuen Rechts; wie vordem, so steht sie auch heute noch unter dem Banne des mephistophelischen Rates: „Verachte nur Vernunft und Wissenschaft, des Menschen allerhöchste Kraft!" Das ganze deutsche Volk hat vor wenigen Wochen die Jubelfeier einer unserer ältesten Hochschulen als nationales Fest gefeiert; nach der Auffassung des preußischen Bureaukraten gehen doch nur subalterne Geister ins Kolleg. Und dann wundert man sich darüber, daß niemand von den jungen Leuten diese Bezeichnung verdienen will; dann will man uns Professoren dafür verantwortlich machen, daß die preußische juristische Praxis unberührt geblieben ist von dem Wehen des wissenschaftlichen deutschen Geistes!

Die Hauptschuld aber an all' den traurigen Erscheinungen, welche in dem akademischen Leben unserer preußischen Juristen zu Tage treten, trägt unzweifelhaft die gegenwärtige Einrichtung der ersten juristischen Prüfung. Mag man noch so tief von der Überzeugung durchdrungen sein, daß Prüfungen überhaupt ein notwendiges Übel sind, das wird doch Niemand leugnen wollen, daß sie für die ganz überwiegende Mehrheit unserer jungen Leute nicht entbehrt werden können, und daß sie, ohne das Wesen der akademischen Freiheit zu berühren, in bestimmender Weise auf die gesamte Gestaltung des Studiums einwirken. Die Mißstände in letzterem sind daher ebensoviele Beweise für die verkehrte Einrichtung der Prüfung. Wenn es möglich ist, daß jemand, der fünf Semester lang weder Vorlesungen besucht noch für sich gearbeitet, dann aber sechs bis acht Monate die Anleitung eines bewährten Einpaukers genossen hat, mit genügendem Erfolg das Examen besteht; wenn es möglich ist, daß ein besonders strebsamer junger Mann, der unter gleichen Verhältnissen noch überdies einzelne Bändchen seines Quaritsch oder andre handliche Kompendien auswendig gelernt hat, sogar die volle Zufriedenheit der Prüfungskommission sich erwirbt; wenn ein derartiger offenkundiger Skandal sich tagtäglich vor unsern Augen ereignen kann, dann ist damit das Prüfungssystem selbst gerichtet.

Nicht daß dieses System unhaltbar ist, will ich hier ausführen. Darüber besteht seit 30 Jahren unter Kundigen keine Verschiedenheit der Meinungen mehr[8]). Aber es kommt mir darauf an zu zeigen, welches die Hauptgebrechen des gegenwärtigen Systems nach meiner Auffassung sind, um den sicheren Boden für meine Verbesserungsvorschläge zu gewinnen.

Den ersten Grundfehler der heutigen Prüfungsordnung erblicke ich darin, daß die ganze Einrichtung der ersten juristischen Prüfung in allem Wesentlichen in das freie Ermessen des Justizministers gestellt ist. Das Gesetz vom 6. Mai 1869 hat sich die Sache ungemein bequem gemacht. § 4 desselben bestimmt:

„Den Gegenstand der Prüfung bilden die Disziplinen des öffentlichen und Privatrechts und der Rechtsgeschichte, sowie die Grundlagen der Staatswissenschaften. Die Prüfung muß auf Erforschung der positiven Kenntnisse des Kandidaten, seiner Einsicht in das Wesen und die geschichtliche Entwicklung der Rechtsverhältnisse, sowie darauf gerichtet werden, ob der Kandidat sich überhaupt die für

---

[8]) Die gegenwärtige Einrichtung der ersten juristischen Prüfung ist von allen, welche aus eigener Erfahrung über die Frage geschrieben haben, mit seltener Einmütigkeit und mit den schärfsten Worten verurteilt worden. Man vgl. die Äußerungen von v. Bethmann-Hollweg, Brunner, Dahn, Dernburg, Gneist, Göppert, Gierke, Goldschmidt, Hälschner, Leonhard, Georg Meyer, Muther, Nasse, Ortloff, v. Stein, Stintzing, Ad. Wagner, v. Bar. — Und wenn man die Professoren für befangen halten sollte, so lese man die Verhandlungen des preußischen Landtags vom Jahre 1868/69, während welcher Redner aller Fraktionen und aller Lebensstellungen sich im gleichen Sinne geäußert haben (vgl. auch Goldschmidt 1878 S. 25).

seinen künftigen Beruf erforderliche allgemeine rechts- und staatswissenschaftliche Bildung erworben habe."

Aber welche Fächer demnach zu prüfen sind, wer sie zu prüfen hat, wie die schriftliche Prüfung eingerichtet werden soll usw. usw., kurz alle die Fragen, von deren Beantwortung Gestaltung und Bedeutung des Examens abhängt — übergeht das grundlegende, nach langen parlamentarischen Beratungen zu stande gekommene Gesetz mit Stillschweigen. Einige gutgemeinte papierene Redensarten — das Weitere mag im Verordnungswege geregelt werden. Und wenn nur noch gerade das Justizministerium seine Zuständigkeit für eine derartige, ganz einseitige Regelung darzuthun vermöchte! Man sollte doch meinen, daß in Preußen, wo alle Zweige der Verwaltung, von wenigen Ausnahmen abgesehen, mit Juristen besetzt zu werden pflegen, auch die übrigen Ministerien, voran der Minister des Innern, ein lebhaftes Interesse daran haben müßten, wissenschaftlich gebildete Beamte zur Verfügung zu haben, und daß sie eben darum auch Gewicht darauf legen sollten, die akademische Ausbildung derselben zu überwachen. Und es scheint weiter doch die Annahme recht nahezuliegen, daß es dem Unterrichtsminister von Wert sein müßte, aus den Ergebnissen der ersten Prüfung zu entnehmen, ob die mit teurem Gelde bezahlten Juristenfakultäten ihre Pflicht erfüllen oder ob die juristischen Professoren wirklich so unbrauchbar und ihre akademischen Vorträge wirklich so überflüssig sind, wie die Stimmführer der öffentlichen Meinung behaupten!

Gesetzliche Regelung der ersten juristischen Prüfung ist mithin das Erste, was gefordert werden muß, um dem heute herrschenden Unwesen ein Ende zu bereiten. Die Ausführung des Gesetzes aber müßte in die Hände des Gesamtministeriums oder doch einer besonderen, aus den Vertretern der verschiedenen beteiligten Ministerien zusammengesetzten Kommission gelegt werden. Die einseitige Zuständigkeit des Justizministers steht in grellem Widerspruche zu der weitgehenden Bedeutung des Referendarexamens[9]).

---

[9]) Auch hier möchte ich mich auf Gneist berufen. Derselbe betont

Der zweite und weitaus wichtigste Grundfehler liegt meines Erachtens in der Häufung der in demselben Termine zu prüfenden Fächer. Ich will gar nicht davon sprechen, daß es bei der durchschnittlichen Begabung unserer preußischen Kandidaten für die ganz überwiegende Mehrzahl derselben einfach ein Ding der Unmöglichkeit ist, Gegenstände von solcher Verschiedenheit wie etwa Reichsstaatsrecht und römische Rechtsgeschichte, Staatswissenschaften und Zivilprozeß neben einander gleichzeitig durchzuarbeiten und in derselben Stunde von den erworbenen Kenntnissen Rechenschaft zu geben. Ich will davon nicht sprechen: denn es kommt ja auch nicht dazu, weder zum Studieren all' dieser Fächer von seiten der Studenten, noch zum Prüfen derselben von seiten der Examinatoren.

Thatsächlich beschränkt sich die erste Prüfung auf Pandekten; alle andern Fächer werden entweder gar nicht oder doch in einer Weise geprüft, welche es von der ersten Frage an als unzweifelhaft erscheinen läßt, daß auch die bodenloseste Unwissenheit in diesen Fächern ohne wesentlichen Einfluß auf das Gesamtergebnis der Prüfung sein wird.

Und es kann ja auch gar nicht anders sein. Es fehlt einfach an der Zeit, die übrigen Fächer eingehend zu prüfen. Ich weiß freilich nicht, wie es anderswo in Preußen gemacht wird. In Cassel werden, wenn nicht der eine oder der andre der Angemeldeten ausgeblieben ist, regelmäßig sechs Kandidaten in einem, höchstens sechsstündigen Termine geprüft. Zwei Stunden reichlich entfallen auf Pandekten; eine halbe Stunde kann für Pausen angesetzt werden. Es bleiben demnach für alle andern Fächer zu-

---

(Gutachten 153), „daß das Justizministerium sich ausschließlich mit einer Angelegenheit befasse, welche es nicht sachgemäß behandeln kann, weil die Gestaltung einer rein wissenschaftlichen Prüfung und des davon untrennbaren Studienplans der Universitäten nach dem heutigen Stande der Wissenschaft im Kreise der Erfahrungen weder eines Justizministers, noch seiner Räte, noch der Präsidenten der Appellationsgerichte liege". Auch Gierke 1877 S. 27 hebt hervor, daß abgesehen vom Unterrichtsminister, auch „der Minister des Innern und die übrigen den höheren Verwaltungsbeamten vorgesetzten Ministerien in gleichem Maße an einer Prüfung interessiert sind, die zugleich zum Verwaltungsdienst qualifiziert".

sammengenommen 3½ Stunden oder 210 Minuten, also 35 Minuten für jeden der sechs Kandidaten. Ich rechne nun auf Grund des Gesetzes vom 6. Mai 1869 zu den Prüfungsfächern außer den Pandekten noch 1. römische, 2. deutsche Rechtsgeschichte; 3. deutsches Privatrecht mit Handels-, Wechsel- und Seerecht; 4. Zivilprozeß; 5. Strafrecht; 6. Strafprozeß; 7. Staatsrecht; 8. Kirchenrecht; 9. Völkerrecht; 10. die berühmten „Grundlagen der Staatswissenschaften". Das ergiebt für jedes einzelne Fach drei und eine halbe Minute. Bedarf es noch eines Nachweises, daß es auch dem gewandtesten Praktiker nicht möglich ist, in einer Prüfung von drei, oder sagen wir von fünf Minuten, sich eine gewissenhafte Überzeugung von dem wirklichen Wissen und Können des Kandidaten zu bilden? Die unvermeidliche Folge dieser Einrichtung ist also, daß ein Teil der angeführten Fächer überhaupt nicht und der andere mit beispielloser Flüchtigkeit geprüft wird. Die weitere, ebenfalls unausbleibliche Folge aber besteht darin, daß jene überwiegende Mehrheit von Kandidaten, welche in einem oder in zwei Semestern mit der Vorbereitung zur Prüfung fertig werden will, diese Fächer einfach bei Seite liegen läßt. Will man es den jungen Leuten übel nehmen, wenn sie das thun? wenn sie ihren Fleiß den Anforderungen anpassen, die an sie gestellt werden[10]?

---

[10]) Auch hier nur einige wenige Belegstellen zur Unterstützung meiner Ansicht. Eine Vermehrung derselben ist leicht möglich: man lese die erste beste der oben Note 1 angeführten Schriften.

Gneist Gutachten 145: Die Mehrzahl der nicht privatrechtlichen Disziplinen „wird entweder übergangen oder gestreift oder von Personen examiniert, welche die Anfangsgründe zuvor selbst kennen lernen müssen".

Gierke Gutachten 15. „Höchstens das römische Recht kommt dabei mit einiger Sicherheit und Gleichmäßigkeit zur Geltung." (1877 S. 28.)

Georg Meyer 14. Juristentag II 219. Man finde heute wenig Leute (im Examen) „welche eine genügende Kenntnis im Staatsrechte haben; ja z. T. herrscht in dieser Beziehung eine bodenlose Unwissenheit".

Enneccerus daselbst II 233. Oft genug gehen die Leute ins Examen „mit völliger Ignoranz in Bezug auf Staatsrecht und Kirchenrecht".

In nächstem Zusammenhange mit dem Gesagten steht das dritte Hauptgebrechen unserer Prüfungseinrichtungen: die Zusammensetzung der Prüfungskommissionen. Bekanntlich wird die erste juristische Prüfung in Preußen bei den Oberlandesgerichten abgehalten, liegt also in der Hauptsache in den Händen älterer und erfahrener Praktiker. Nun gebe ich gerne zu, daß unter denselben einzelne sehr tüchtige Examinatoren sich finden; Männer, welche das eine oder das andre Fach in jener Ausdehnung und mit jener Gründlichkeit beherrschen, welche nun einmal unerläßlich sind, soll der Examinator nicht ängstlich an dem vorher entworfenen Fragebogen festzuhalten gezwungen sein. Aber wenn diese Fälle an sich nicht gerade häufig sind, so wird die zweckentsprechende Verwendung der für bestimmte Fächer hervorragend geeigneten Praktiker unmöglich gemacht durch den pädagogisch ganz verkehrten allgemeinen Prüfungsauftrag. Der preußische Oberlandesgerichtsrat muß als Examinator in allen Sätteln gewandt sein; er muß jedes Fach prüfen, das ihm zugewiesen wird. Und das kann er nicht, selbst wenn er noch so tüchtig wäre. Mit den Pandekten freilich weiß der gemeinrechtliche Praktiker zumeist recht guten Bescheid; auch Handels- und Wechselrecht, vielleicht noch Zivilprozeß liegt ihm nahe genug. Aber wie steht es mit der römischen und deutschen Rechtsge-

---

Göppert 10. „Unvermeidlich treten dadurch Zivil- und Kriminalprozeß, Strafrecht und ganz besonders Staatsrecht in dem Studium unserer Juristen immer mehr in den Hintergrund, zumal sie auch noch bei der heutigen Zusammensetzung unserer Kommissionen selten Gegenstand der ersten Prüfung bilden."

Goldschmidt 1878 S. 40. „Wie steht es mit der Prüfung des öffentlichen Rechts oder gar der Staatswissenschaften? Vermag hier der herkömmliche Stamm der Examinatoren, ohne sich vor den Kandidaten lächerlich zu machen, auch nur Fragen zu stellen?"

Nasse 11. „Wir dürfen wohl, ohne Widerspruch zu befürchten, behaupten, daß mit seltenen Ausnahmen unsere juristischen Studierenden mit einer ausschließlich zivilistischen Bildung ohne irgend gründliche Kenntnis weder im Staatsrecht noch in anderen Teilen der Staatswissenschaft, von der Nationalökonomie ganz zu geschweigen, die Universität verlassen."

schichte, die dem Praktiker gar kein unmittelbares Interesse bieten? Wie steht es mit Strafrecht und Strafprozeß, mit welchen seit dem Jahre 1879 unsere Oberlandesgerichte nur mehr in ganz untergeordneter Weise zu thun haben? Wie mit Staatsrecht, Kirchenrecht, Völkerrecht, die der Richter kaum einmal praktisch anzuwenden Gelegenheit hat? Und gar erst die „Grundlagen der Staatswissenschaften"! Wie zahlreich sind die Richter, die sich mit Verwaltungsrecht und Nationalökonomie so gründlich befaßt haben, um — ich spreche mit Goldschmidt — auch nur eine Frage stellen zu können, ohne sich vor den Kandidaten lächerlich zu machen?! Man wird doch nicht im Ernste die Behauptung aufstellen wollen, daß unsere Oberlandesgerichtsräte so unendlich wenig zu thun haben, um alle Zweige der gesamten Rechts- und Staatswissenschaften stets bis zum augenblicklichen Stande der Entwicklung mitzuarbeiten?!

Niemand, der unbefangen urteilt, wird es den heutigen Examinatoren übel nehmen, wenn sie bei der Prüfung auf diejenigen Fächer sich, so gut es eben gehen mag, beschränken, welche sie einigermaßen beherrschen: römisches und deutsches Privatrecht; daß sie, wenn sie andre Fächer zu prüfen durch die Umstände genötigt werden, ihrem eigenen Urteile über das Ergebnis dieses für beide Teile gefährlichen Experimentes gar keine oder doch nur verschwindende Bedeutung für den Ausfall der Prüfung beilegen. Niemand, der unbefangen urteilt, wird es aber auch unsern Studierenden verargen können, wenn sie alle nichtprivatrechtlichen Fächer als das betrachten und behandeln, was sie wirklich sind: als überflüssigen Ballast, dessen Abstoßung im Interesse eines raschen und guten Vorwärtskommens nur nützlich, niemals schädlich sein kann.

Nun wird allerdings, soviel mir bekannt ist, von sämtlichen preußischen Oberlandesgerichten zu jedem Prüfungstermine je ein Professor der benachbarten Universität zugezogen. Aber diese Zuziehung ist unter den gegenwärtigen Verhältnissen von ganz geringem Werte, jedenfalls aber nicht ausreichend, um den geschilderten Übelständen zu steuern. Zunächst liegt es, bei dem vorsichtigen Schweigen des Gesetzes ganz in der Hand des Justizministers, jeden Augenblick und ohne jede Begründung diese Zuziehung wieder zu beseitigen. Ferner steht die Auswahl der zuzuziehenden akademischen Lehrer durchaus in dem freien Ermessen des Oberlandesgerichtspräsidenten. Woher dieser die für die Auswahl maßgebenden Personalkenntnisse schöpft, wie er im stande ist, über die Lehr- und Prüfungsbefähigung des Einzelnen sich ein zuständiges Urteil zu bilden, ist mir nicht bekannt; das aber kann ich aus eigener Erfahrung berichten, daß Professoren, welche durch ihr Auftreten das Mißfallen des Präsidenten erregen, einfach während einer Reihe von Jahren bei jedem Termine übersprungen werden können. Diese eine Thatsache allein würde hinreichen, um zu beweisen, falls es eines solchen Beweises noch bedürfte, daß von der durch das Gesetz nicht gewährleisteten Zuziehung einzelner Rechtslehrer eine bestimmende Einwirkung auf Gang und Ergebnis der Prüfung nicht erwartet werden kann. Es darf endlich auch nicht vergessen werden, daß bei der gegenwärtigen Zusammensetzung der preußischen Juristenfakultäten, in welchen die Vertreter der „Staatswissenschaften" weder Sitz noch Stimme haben, in welchen die größere Mehrzahl der vorhandenen Lehrstühle ganz oder teilweise dem Privatrechte gewidmet ist, selbst durch strenges Festhalten der Reihenfolge in der Zuziehung der akademischen Lehrer nur eine abermalige Verstärkung des Gewichts der privatrechtlichen Fächer bewirkt werden würde.

Ein letzter Punkt bedarf noch der Erwähnung. Dem mündlichen Examen geht in Preußen eine **schriftliche Prüfung** voran. Sie besteht (wenigstens in unserem Sprengel) in der Anfertigung einer nach sechs Wochen abzuliefernden „wissenschaftlichen" Arbeit, deren Thema dem Kandidaten aus dem von diesem bezeichneten Fache (aus naheliegenden Gründen in neun unter zehn Fällen aus dem Pandektenrecht) durch den Präsidenten des Oberlandesgerichtes bestimmt wird. Auch dieser Teil der Prüfung ist in durchaus zweckwidriger Weise geregelt. Ich komme unten auf die Frage zurück, ob dem Charakter des ersten Examens die Forderung einer wissenschaftlichen Arbeit überhaupt entspricht. Das aber wird mir, denke ich, von jedem, der einmal im Leben wissenschaftlich gearbeitet hat, zugegeben werden, daß die genauste und umfassendste Beherrschung des Stoffes dazu notwendig ist, um eine größere Anzahl von wenig umfangreichen wissenschaftlichen Aufgaben zu schriftlicher Bearbeitung zu stellen. Mit der glücklichen Wahl des Themas ist bereits die Hälfte der Arbeit geleistet. Unseren Oberlandesgerichtspräsidenten mutet man zu, aus allen Gebieten der Rechtswissenschaften geeignete Aufgaben in genügender Anzahl auf Lager zu haben! Die unglaublichsten Mißgriffe sind denn auch an der Tagesordnung. Man lasse einmal von maßgebender Seite die sämtlichen in den letzten Jahren zur schriftlichen Bearbeitung gegebenen Aufgaben zusammenstellen und veröffentlichen: das gäbe eine Blumenlese, welche vernichtender wäre für das herrschende System als die schärfste Kritik. Oder man sehe den jungen Leuten einmal zu, wenn sie, die niemals ernstlich mit Rechtswissenschaft sich befaßt haben, im Zeitraum von sechs Wochen ein Thema „wissenschaftlich" bearbeiten sollen, zu dessen Erörterung der Fachgelehrte die Arbeitskraft eines guten Jahres nötig hätte; man sehe ihnen zu, wie sie aus Lehrbüchern, Kommentaren und Abhandlungen sich mühselig ein erbärmliches Machwerk zusammenstückeln, das das Papier nicht wert ist, auf dem es sorgsam ins Reine geschrieben steht. Und auf Grund dieser konventionellen Lüge wird der Kandidat zur mündlichen Prüfung zugelassen! Mit einer Verhöhnung aller Wissenschaft hat das Examen seinen Anfang genommen!

Das ist das Bild unserer ersten juristischen Prüfung in Preußen. Dem Belieben des Justizministeriums in allem Wesentlichen anheimgegeben, abgehalten vor einer ganz ungeeignet zusammengesetzten Kommission, alle nicht privatrechtlichen Fächer auf jede nur denkbare Weise in den Hintergrund drängend, ist sie eine Prämie für Bummelei und Denkfaulheit, ein Hemmschuh für fleißige und ernste Arbeit. Wenn man die Absicht gehabt hätte, den wissenschaftlichen Geist unserer juristischen akademischen Jugend im Keime zu ertöten, die Rechtspflege zum Handwerke zu erniedrigen — wahrhaftig man hätte die Erreichung des Zieles nicht zweckentsprechender sichern können. Jene Absicht hat man nicht gehabt, mag auch immerhin die in der preußischen Büreaukratie herrschende Mißachtung aller Wissenschaft unbemerkt ihren Einfluß geäußert haben; aber das Ziel ist erreicht: der wissenschaftliche Sinn unserer juristischen Kommilitonen ist erstorben, und, mag es auch eine ganze Reihe von Ausnahmen geben, die große Masse ist dem geistigen Philistertum verfallen, ehe sie die Schwelle der praktischen Thätigkeit betritt.

III.

Es ist klar, daß der unabsehbaren Gefahr gegenüber, welche eine solche Erstarrung in einem der einflußreichsten Berufsstände für das gesamte ethische, politische und wirtschaftliche Leben unseres Volkes mit sich bringt, sofort und mit aller Entschiedenheit eingeschritten werden muß. Es dürfte nach dem Gesagten auch kaum noch einem Zweifel unterliegen, daß die Abhilfe, soll sie anders gründlichen Wandel schaffen, das Übel an der Wurzel erfassen, mithin von der gänzlichen Umgestaltung der Prüfungsordnung auszugehen hat. Denn daß an unserer Unterrichtsmethode zwar einzelnes verbessert, aber nichts Wesentliches geändert werden kann, glaube ich gezeigt zu haben; und ehe der Geist der preußischen Praxis ein andrer wird, muß eine neue Generation herangewachsen sein.

Mit ganz besonderer Entschiedenheit aber müssen alle diejenigen Vorschläge zurückgewiesen werden, welche auf eine Beschränkung der akademischen Freiheit abzielen. Durch Zwangsvorlesungen oder Vorlesungszwang und wie die kleinen Mittelchen alle heißen mögen, die man neuerdings aus der alten Rüstkammer verrosteter büreaukratischer Waffen herausgeholt, wird man wohl den äußern Fleiß, niemals aber den wissenschaftlichen Geist unserer jungen Juristen heben. Dieser aber ist es, den wir vermissen. Der wissenschaftliche Geist aber gedeiht nur auf dem Boden der akademischen Freiheit. Daß mit dem Worte viel Mißbrauch getrieben wird, sei zugegeben. Auch ist es wohl überflüssig, dem Verständigen nachzuweisen, daß, sowie die Freiheit der Lehre uns

Professoren nicht die Befugnis gewährt überhaupt nicht zu lehren, so auch die Lernfreiheit für den Studierenden nicht darin bestehen kann, daß er das verbriefte Recht hätte nichts zu lernen. Freiheit ist vielmehr die aus eigener Entschließung hervorgewachsene Unterwerfung unter das Gebot der Pflicht. Darum ist Freiheit der Grundbegriff jeder Ethik. Die Freiheit ist ihrem innersten Wesen nach unvereinbar mit dem Zwang; aber sie verträgt sich sehr wohl mit der strengsten Verantwortlichkeit für jede Pflichtversäumnis. Das alles gilt auch von der akademischen Freiheit. Der vom Gymnasium entlassene Jüngling bringt das Zeugnis geistiger Reife mit sich; dem Gängelband der Schule ist er entwachsen. Nach freiem, wenn auch durch sachverständigen Rat beeinflußtem Ermessen mag er Art und Gang seiner Studien bestimmen; im Gebrauche seiner Selbständigkeit soll er zum Manne heranreifen. Aber wenn die Universitätsjahre vorüber sind, dann mag er Rechenschaft darüber ablegen, was er mit seiner Zeit, was er mit seiner Kraft in diesen für das spätere Leben entscheidenden Jahren gemacht hat, ob er imstande ist, sich als Mann zu bewähren[11]).

Gerade von diesem Standpunkte aus bin ich aber auch nicht in der Lage, mich zu Gunsten eines gerade in den letzten Jahren vielfach gemachten Vorschlages auszusprechen: ich meine das sog. Zwischenexamen. Etwa am Schlusse des 3. oder 4. Semesters soll nach diesem Vorschlage eine Prüfung aus dem römischen und deutschen Rechte, vielleicht noch aus den Grundlagen der Volkswirtschaftslehre, vor der Fakultät abgelegt werden. Nach der Prüfung hätte der junge Jurist noch eine bestimmte Anzahl von

---

[11]) Schmollers Vorschlägen vermöchte ich also selbst dann nicht zuzustimmen, wenn sie, was ich entschieden bestreite, praktisch durchführbar wären. Änderungen des An- und Abmeldewesens sind zwar möglich und wünschenswert; ihre Besprechung liegt aber nicht mehr innerhalb der Aufgabe, die ich mir gestellt habe. — Hervorgehoben sei (denn auch das scheint in manchen Kreisen nicht bekannt zu sein), daß sorgfältig ausgearbeitete Ratschläge für die zweckmäßigste Einrichtung der juristischen Studien wohl von den meisten Fakultäten den Zuhörern verabreicht werden; davon, daß der Studierende hülflos sich selbst überlassen bliebe, kann also keine Rede sein.

Semestern an der Universität zuzubringen, ehe er sich zum Referendarsexamen melden dürfte. Man will durch diese Zwischenprüfung die juristischen Studierenden veranlassen, schon während der ersten Semester sich an ernsten, regelmäßigen Fleiß zu gewöhnen. Zur Begründung des Vorschlages verweist man mit Vorliebe auf die Einrichtungen in Österreich einerseits, das tentamen physicum (genauer: die ärztliche Vorprüfung) der Mediziner anderseits[12]).

Ich halte den Vorschlag für gänzlich verfehlt. Wollen wir wirklich den wissenschaftlichen Sinn unter den juristischen Studierenden heben, so ist es sicher verkehrt, durch gesetzliche Vorschriften noch besonders darauf hinzuwirken, daß schon in den ersten Semestern der Blick auf die Prüfung gerichtet, von allem Anfange an das Studium als Brotstudium betrieben werde.

Aber mag man auch in diesem Punkte anderer Ansicht sein, so wird es doch kaum gelingen, den zweiten nach meiner Meinung gegen das Zwischenexamen entscheidenden Grund zu widerlegen. Das Hauptgebrechen der gegenwärtigen Prüfungsordnung liegt, wie wir gesehen haben, darin, daß die nicht rein privatrechtlichen Fächer nicht zu ihrem Rechte kommen. Was aber ist die notwendige Folge der Einführung des Zwischenexamens? Daß römisches und vielleicht auch deutsches Privatrecht nun zweimal geprüft wird, einmal von der Fakultät im Zwischenexamen, und ein zweitesmal beim Oberlandesgerichte im Referendarsexamen. Die Vernachlässigung der nicht privatrechtlichen Fächer

---

[12]) Das Zwischenexamen hat zahlreiche Vertreter gefunden. Meist gehen dieselben aber ganz kurz über die Frage hinweg, ohne sich über Umfang und Einrichtung dieser Prüfung näher zu äußern.

Zu den Anhängern des Zwischenexamens gehören: E. v. Raumer 220, J. B. Meyer 27, Nasse 34, 42, Jolly 442, G. Meyer 27, Dahn 671, Bethmann-Hollweg, Kleinwächter 41, Goldschmidt 1878 S. 72, Schulte 18, Eisele 27. Auf dem 14. D. Juristentage schwankend Gneist Gutachten 146, II 236; sehr entschieden Enneccerus II 232; die Versammlung sprach sich zu Gunsten des „Tentamen" aus. II 238.

Gegen das Zwischenexamen haben sich erklärt Gierke 1877 29, Heinze Allg. Ztg. 1885 Nr. 104, Stammler 30, (welcher m. E. mit vollem Recht auch für die Zeit nach Einführung des Reichs-Zivilgesetzbuchs das Zwischenexamen verwirft), v. Bar 369 Schlußnote.

bleibt bestehen, ja die zweimalige Prüfung wird unsere Studierenden geradezu zwingen, mit noch größerer Ausschließlichkeit als bisher ihre ganze Zeit und ihre volle Kraft dem Privatrechte zuzuwenden. Der Hauptfehler des gegenwärtigen Zustandes würde mithin durch das Zwischenexamen nicht etwa beseitigt, sondern wesentlich verschärft.

Denn der Hinweis auf die österreichische Prüfungsordnung ist wohl nicht ernst zu nehmen. In Österreich muß (vgl. die Studienordnung für die rechts- und staatswissenschaftlichen Fakultäten vom 2. Oktober 1855) nach dem vierten Semester die sog. rechtshistorische Prüfung aus deutscher Reichs- und Rechtsgeschichte, Kirchenrecht und römischem Recht abgelegt werden. Aber die genannten Fächer sind damit erledigt und werden in den folgenden Prüfungen nicht wieder gefragt. Die erste österreichische Staatsprüfung ist also kein Zwischenexamen, sondern ein Teilexamen. Sie ist erste und letzte Prüfung über einen Teil der sämtlichen Prüfungsfächer. Ich glaube nicht, daß irgend einer unter den deutschen Anhängern des Zwischenexamens dasselbe als Teilprüfung gedacht und gewollt hat. In der That wäre der Vorschlag auch in diesem Sinne ein durchaus unglücklicher. Volle Beherrschung des umfangreichen privatrechtlichen Stoffes ist nicht möglich ohne Teilnahme an den Seminarübungen und ohne Kenntnis des Zivilprozeßrechts; sie kann mithin nicht nach drei oder auch vier Semestern, sondern erst nach Beendigung der gesamten Studien erwartet und verlangt werden. Damit ist aber die Zweckwidrigkeit einer früheren und abschließenden Prüfung aus dem römischen Rechte zum mindesten für so lange erwiesen, als nicht durch die Einführung des deutschen bürgerlichen Gesetzbuchs das römische Recht in jene im wesentlichen bloß propädeutische Stellung herabgedrückt werden sollte, welche es gegenwärtig in Österreich einnimmt.

Durch diese kritische Betrachtung des Zwischenexamens haben wir uns aber zugleich auch den Weg zu positiven Reformvorschlägen gebahnt.

Wenn die oben von mir eingehender begründete Ansicht richtig ist, daß der Grundfehler des heutigen Examens in der gänzlichen Vernachlässigung der nicht rein privatrechtlichen Fächer liegt, so muß die Reform auch an diesem und keinem andern Punkte einsetzen. Es muß dafür Sorge getragen werden, daß jedes einzelne Fach, welches überhaupt Gegenstand der Prüfung ist, zu seinem Rechte komme; es muß unmöglich gemacht werden, daß ein Kandidat, der außer etwas Pandekten gar nichts gelernt hat, das Examen bestehe. Wer das nicht zugeben will, der beschränke die Prüfung lieber ausdrücklich auf römisches Privatrecht; das ist ehrlicher und darum immer noch besser als das gegenwärtige Gaukelspiel.

Soll aber auch den übrigen Fächern ihr Recht werden, dann wird es sich nicht vermeiden lassen, ihnen im Examen eine gewisse, wenn auch noch so bescheiden bemessene Zeit zu widmen.

In etwa drei bis fünf Minuten kann niemand, der seine Aufgabe auch nur einigermaßen ernst nimmt, sich die Überzeugung verschaffen, ob der Kandidat in einem Fache gründliche Kenntnisse besitzt.

Und nun versuche man, sich die Dauer einer solchen Prüfung zu berechnen. Ich nehme an, daß für römisches Privatrecht etwa eine halbe Stunde, für jedes der übrigen zehn Fächer etwa 15 Minuten zur Not genügen: das giebt ein Examen von dreistündiger Dauer für jeden einzelnen Prüfungskandidaten. Da es nun aus einer ganzen Reihe von Gründen nicht durchführbar sein wird, für jeden einzelnen Kandidaten die gesamte Prüfungskommission zusammentreten zu lassen, so erreicht die Prüfung, soll sie wirklich ernst genommen werden, eine geradezu unmögliche Dauer: bei drei Kandidaten ohne Pause 9 Stunden; bei der gegenwärtigen, freilich ganz unbegreiflichen Unsitte unserer Oberlandesgerichte, der Bequemlichkeit halber gleich sechs Kandidaten auf einmal vorzunehmen, würde die mündliche Prüfung, selbst ohne jede Pause, gerade 18 Stunden in Anspruch nehmen.

Daraus ergiebt sich, sollte ich meinen, mit geradezu unabweislicher Notwendigkeit, daß die mündliche Prüfung in mehrere selbständige Abteilungen zerlegt werden muß. Das ist der Vorschlag, den Gierke und Gneist schon vor acht Jahren gemacht haben[13]), der aber in neuerer Zeit, wie es scheint, über dem Zwischenexamen vergessen worden ist. Dem Stationenwesen der Mediziner[14]) soll damit nicht das Wort geredet werden, obgleich dasselbe eine Reihe von Vorzügen aufweist; eine Zerlegung in große, wenn auch nur lose zusammenhängende Gruppen genügt. Darüber mag man verschiedener Ansicht sein, ob zwei oder drei Abteilungen gebildet und wie die einzelnen Fächer auf sie verteilt werden sollen. Nach meiner Ansicht genügen zwei

---

[13]) Gierke Gutachten 16 (vgl. auch denselben 1877 S. 29) verlangt „Zerlegung des Examens in drei Abteilungen nach bestimmten in sich zusammenhängenden Gruppen von Fächern (etwa römisches und deutsches Recht einschließlich ihrer Geschichte und Rechtsphilosophie — öffentliches Recht und Staatswissenschaften — Strafrecht, Prozeß und geltendes Landesrecht)"; will aber die Einheit der Prüfung festhalten, um die Vervielfältigung der Prüfungen zu vermeiden.

Gneist Gutachten 144 will „Zerlegung der Prüfung in mindestens zwei Abteilungen: I. Römisches und Deutsches Privatrecht, einschließlich des Handelsrechts. Römische und Deutsche Rechtsgeschichte (Rechtsphilosophie, Encyklopädie). II. Staats- und Verwaltungsrecht, Völkerrecht, Kirchenrecht, Strafrecht, Zivil- und Strafprozeß, Staats- und Volkswirtschaftslehre (Staatswissenschaften).

Ähnlich auch Schwarze 14. Juristentag II 204.

Dagegen hat sich der Juristentag selbst (II 238) für ein Zwischenexamen und gegen die Teilung der ersten Prüfung ausgesprochen.

[14]) Nach dem Bundesrat-Beschlusse vom 2. Juni 1883 umfaßt die ärztliche Prüfung, abgesehen von dem tentamen physicum, folgende Abschnitte (Stationen): I. die anatomische; II. die physiologische Prüfung; III. die Prüfung in der pathologischen Anatomie und in der allgemeinen Pathologie; IV. die chirurgisch-ophthalmiatrische Prüfung; V. die medizinische; VI. die geburtshülflich-gynäkologische Prüfung; VII. die Prüfung in der Hygiene. (§ 5.) — Ist ein Prüfungsabschnitt oder ein Teil eines solchen ungenügend oder schlecht bestanden, so muß er wiederholt werden (§ 20 Abs. 1). — Die Prüfung kann vor jeder ärztlichen Prüfungskommission bei einer Universität des deutschen Reichs abgelegt werden. Die Kommission, einschließlich des Vorsitzenden und seines Stellvertreters, wird von der zuständigen Behörde für jedes Prüfungsjahr nach Anhörung der medizinischen Fakultät der betr. Universität aus geeigneten Fachmännern ernannt. (§ 3.)

Abteilungen, welche im Wesentlichen der Unterscheidung des privaten und des öffentlichen Rechtes entsprechen würden.

Die erste Abteilung hätte demnach zu umfassen: 1. Römisches Privatrecht. 2. Deutsches Privatrecht mit Einschluß des Handels-, Wechsels- und Seerechts. 3. Geschichte der beiden genannten Fächer. 4. Zivilprozeßrecht, das, wenn es auch streng systematisch dem öffentlichen Rechte zuzuzählen ist, doch seinem Gegenstande wie seiner Methode nach diesem weniger nahe steht als jenem.

Der zweiten Abteilung würden zuzuweisen sein: 1. Staats- und Verwaltungsrecht. 2. Strafrecht und Strafprozeßrecht. 3. Kirchenrecht. 4. Volkswirtschaftslehre.

Völkerrecht könnte als „äußeres Staatsrecht" mit diesem geprüft werden. Rechtsphilosophie und Encyklopädie der Rechtswissenschaft sind kaum geeignet, selbständige Prüfungsfächer abzugeben. Und das Landesrecht gehört jedenfalls besser in das Assessorexamen als in die erste Prüfung.

Für jedes der genannten Fächer wäre eine besondere Note zu geben und in den Prüfungsakten zu verzeichnen. Aus den Einzelnoten für die zu einer Abteilung gehörenden Fächer würde die Gesamtnote zu bilden sein.

Die Selbständigkeit der beiden Abteilungen müßte unbedingt in der Weise gewahrt werden, daß wer in einer Abteilung nicht besteht, die Prüfung aus allen zu derselben gehörenden Fächern wiederholen müßte. Es wäre ein verhängnisvoller Rückfall in die Fehler des gegenwärtigen Systems, wollte man gestatten, daß der schlechte Ausfall einer Abteilungsprüfung durch den guten Erfolg der andern ausgeglichen werden könnte.

Ganz besonderes Gewicht aber lege ich auf die Bestimmung, daß die eine wie die andere der beiden Teilprüfungen erst nach Beendigung der akademischen Studien abgelegt werden kann. Die Gründe, die mir für diese Bestimmung ausschlaggebend zu sein scheinen, habe ich bereits dargelegt: es sind dieselben, die gegen das Zwischenexamen sprechen.

Die Reihenfolge der beiden Teilprüfungen möchte ich nicht im Gesetze bestimmen, sondern dem Ermessen des Kandidaten überlassen. Ebenso halte ich jede Anordnung darüber für entbehrlich, wie die Zeit zwischen der ersten und der zweiten Teilprüfung zu verwenden sei. Der Kandidat mag an die Universität zurückkehren, um hier weitere Vorlesungen zu hören, insbesondere an den Seminarübungen teilzunehmen; oder aber er mag die Zeit dazu benutzen, um seine Privatstudien zu vervollständigen: er ist reif genug, selbst zu wählen, was für ihn, nach seinen individuellen Verhältnissen, als das Beste erscheint.

In der so gut wie ausschließlichen Berücksichtigung des römischen Privatrechtes erblicke ich das Hauptgebrechen der heutigen preußischen Referendarsprüfung; in der Zerlegung derselben in zwei selbständige Abteilungen das einzige durchgreifende Mittel der Abhilfe. Alle andern einschlagenden Fragen erscheinen mir diesem einen Punkte gegenüber von verhältnismäßig untergeordneter Bedeutung.

So verkenne ich keinen Augenblick, daß die von so vielen Seiten geforderte Verlängerung des dreijährigen Universitätsstudiums unserer Juristen dringend wünschenswert wäre[15]). Ganz abgesehen davon, daß die Einrechnung des Militärjahres das sog. Triennium in den meisten Fällen auf zwei Jahre herab-

[15]) Die Ausdehnung des akademischen juristischen Studiums von 3 auf 4 Jahre ist fast von allen Seiten für notwendig erklärt worden. Zuerst von Goldschmidt 1859 und dann wieder 1878 (die letztere Schrift erklärt die Einführung des Quadrienniums für Grundbedingung jeder Reform); von Ortloff 102, Nasse 33, v. Sybel 24, Goeppert 10, Muther 14, Dahn 662, G. Meyer 27, Bethmann-Hollweg 63, Gierke Gutachten 10 (1877 S. 8); Gneist Gutachten 139, Brunner und G. Meyer auf dem 14. Juristentag II 204 und 209, Schulte 15 und 18, v. Bar 368.

Während der Verhandlungen des preußischen Landtags 1868 und 1869 ist die Notwendigkeit einer Verlängerung von Rednern aller Parteien betont und sogar von Minister Leonhard anerkannt worden. Besonders wichtig ist die Herrnhausrede Hälschners vom 19. Dezember 1868.

Dagegen hat der 14. Juristentag (II 238), insbesondere unter dem Einflusse v. Schwarzes, den Beschluß gefaßt: „Eine Ausdehnung des dreijährigen Universitätsstudiums vorzuschreiben, ist nicht erforderlich“.

Bekanntlich ist vierjähriges Studium gesetzlich vorgeschrieben in Österreich und Baiern, dreieinhalbjähriges in Baden.

setzt, ist eine den heutigen Bedürfnissen einigermaßen entsprechende staatswissenschaftliche und nationalökonomische Ausbildung ohne eine Verlängerung der Studienzeit einfach nicht möglich. Aber der gesetzlichen Einführung des Quadrienniums stehe ich durchaus kühl gegenüber. Mit all' diesen äußerlichen Maßregeln ist wenig geholfen. Wer vier oder fünf Semester verbummelt, der wird es auch fertig bringen, zwei weitere dazuzulegen. Wer, ohne zu dienen, drei Jahre fleißig gearbeitet hat, kann bei mittlerer Begabung genügendes Wissen gesammelt haben; warum will man ihn hindern, die Prüfung abzulegen, zu der er völlig gerüstet ist? Bloß um der Kommilitonen willen, die es vorgezogen haben, ihr Militärjahr als Studenten abzudienen? oder gar den Bummlern zu Liebe, damit diese nicht verkürzt werden? Das, was wir alle dringend wünschen und wünschen müssen, die thatsächliche Verlängerung der Universitätsjahre in allen Fällen, in welchen sie eben zu andern Zwecken als zum Studieren verwendet worden sind — wird durch Annahme meines Vorschlages sicher erreicht. Eine strenge Prüfung aus allen juristischen Hauptfächern kann niemand bestehen, der nicht mindestens drei Jahre lang ernst und treu seine Pflicht gethan hat. Das mag uns fürs erste genügen. Wie die Dinge sich gestalten werden, wenn einmal das Reichs-Zivilgesetzbuch eingeführt ist oder wenn Staatswissenschaften und Nationalökonomie in erweitertem Umfange zum Gegenstande des Studiums unserer jungen Juristen gemacht werden sollten — das wollen und können wir abwarten. Für heute mögen wir uns darauf beschränken, von dem preußischen Justizminister zu verlangen, was ein auch ihn verbindendes Reichsgesetz uns zugesichert hat: ein dreijähriges Universitätsstudium ohne Abzug[16]).

---

[16]) Die schwierige Frage, ob und in welcher Weise die Nichteinrechnung des Militärjahres durchgeführt werden soll, wird meinem Vorschlage gegenüber bedeutungslos. Die Nichteinrechnung haben insbes. Gierke 1877 S. 20, Gutachten 10, Schulte 15, Eisele a. O. verlangt; der erstere mit dem Zusatze, daß nach der 2. Prüfung das Patent um die Dauer des Militärdienstes zurückzudatieren sei. Ebenso lautet der Beschluß des 14. Juristentages (II 238): „Das militärische Freiwilligenjahr ist in die Studienzeit nicht einzurechnen".

Auf eine neben dem mündlichen Examen einhergehende schriftliche Prüfung möchte ich nur ungern verzichten. Sie bietet die erwünschte Gelegenheit, Eigenschaften des Kandidaten, die bei mündlicher Rede und Gegenrede wenig oder garnicht hervortreten, kennen zu lernen: die Sicherheit in der Beherrschung des Stoffes, die in schriftlicher Anordnung und Durchführung der Gedanken sich äußert, die Fähigkeit, das Wesentliche von dem Nebensächlichen zu scheiden, Klarheit, Bestimmtheit und Kürze des Ausdruckes. In dem leider nicht zu seltenen Falle, daß der Kandidat am grünen Tische vor versammelter Kommission die Geistesgegenwart verliert, gewährt sie zudem die Möglichkeit einer billigen und gerechten Würdigung der individuellen Beanlagung.

Aber wie soll die schriftliche Prüfung eingerichtet werden?

Daß die gegenwärtig verlangte „wissenschaftliche Arbeit" den Zwecken der ersten Prüfung thatsächlich in keiner Weise entspricht, glaube ich gezeigt zu haben. Ich muß mich aber gegen jede wissenschaftliche Bearbeitung sei es eines von der Kommission aufgegebenen, sei es eines von dem Kandidaten frei gewählten Themas überhaupt aussprechen. Die Universität soll — abgesehen von ihrer hier nicht zu besprechenden Aufgabe, für den nötigen Nachwuchs an Dozenten zu sorgen — nicht Gelehrte heranbilden, sondern den jungen Juristen in den Stand setzen, die von ihm gewonnene wissenschaftliche Erkenntnis im Dienste der Rechtspflege und der Verwaltung zu verwerten. Eine selbständige wissenschaftliche Arbeit setzt ganz andere und unendlich viel tiefere Kenntnisse, ganz andere und ungleich höhere Begabung voraus, als wir sie bei der Mehrzahl unserer jungen Juristen zu erwarten berechtigt sind. Sie legt zudem die Gefahr nahe, daß der Schüler oder der eben der Schule entwachsene Jüngling, lang ehe er den unerläßlichen Gesamtüberblick über alle Zweige seines Wissensge-

Dagegen hat Gneist Gutachten 139 auf die praktischen Schwierigkeiten hingewiesen, welche der Durchführung des Gierke'schen Vorschlages im Wege stehen; andre, wie insbes. Goldschmidt 1878 S. 63 haben aus der Einrechnung des Militärjahres gewichtige Gründe für die Verlängerung des akademischen Studiums hergeleitet.

bietes sich erworben hat, in Spezialarbeiten Zeit und Kraft verzehrt.

Es wäre weiter möglich, dem Kandidaten eine Reihe von kurzen schriftlichen Fragen aus den verschiedenen Prüfungsfächern zu stellen und diese in gleicher Weise von ihm beantworten zu lassen. Ich halte auch dieses System für ein wenig empfehlenswertes. Es führt notwendig zu Klausurarbeiten mit dem unwürdigen Kampf gegen den bis zur Vollkommenheit entwickelten Gebrauch unerlaubter Hilfsmittel; es zwingt entweder zur Vernachlässigung wichtiger Fächer oder zu einer pädagogisch ganz widersinnigen Häufung der schriftlichen Arbeiten. Vor allem aber widerspricht es dem Hauptgrundsatze einer richtig durchgeführten Prüfung: daß die gestellte Frage nur den Ausgangspunkt einer möglichst weit sich erstreckenden Unterhaltung zwischen dem Prüfenden und dem Kandidaten bilden darf[17]).

Ganz anders stellt sich die Sache, wenn schriftliche Entscheidung eines praktischen Falles verlangt wird. Dieses System schließt sich unmittelbar an die Aufgabe des akademischen

---

[17]) Zur höchsten Vollkommenheit hat die Großherzogl. hessische Prüfungsordnung dieses System durchgebildet. Vor der mündlichen Prüfung hat der Kandidat 14, sage vierzehn, schriftliche Klausurarbeiten zu liefern: 3 aus dem römischen, 3 aus dem deutschen Privatrecht; je eine aus Kirchenrecht, Staatsrecht, Zivilprozeßrecht, Strafrecht, Strafprozeßrecht, Völkerrecht, Nationalökonomie, Polizeiwissenschaft. Wer nach diesem System gearbeitet hat, wird es wohl kaum empfehlen. Ganz abgesehen von der Unmöglichkeit, aus dieser übergroßen Anzahl von Einzelarbeiten ein richtiges Bild von der Befähigung des Kandidaten zu gewinnen, (bei 20 Kandidaten hat die Kommission 280 Arbeiten zu prüfen); ganz abgesehen ferner von der geistigen und körperlichen Abspannung, welche nach der ersten Hälfte der Klausurtermine Prüfende wie Geprüfte regelmäßig überfällt, führt der stete Kampf zwischen der Aufmerksamkeit des überwachenden Lehrers und dem Scharfsinn der Kandidaten in Einführung von „Spickern" zu den widerwärtigsten Szenen. Wir haben in Gießen, um den „Examensmappen" mit ihren Geheimfächern zu begegnen, gestempelte Unterlagen und Schreibpapier im Klausursaale verteilt (die gestempelten Manchetten waren scherzweise wiederholt vorgeschlagen worden), und haben das Abschreiben doch nicht gänzlich verhindern können. Nach meinem Empfinden liegt in der Überwachung von Klausurarbeiten für alle Beteiligten etwas geradezu knabenhaft unwürdiges.

Studiums. Es verlangt von dem Kandidaten, was von ihm verlangt werden kann und verlangt werden muß: Herrschaft über den Stoff in seiner praktischen Anwendung. Es zeigt das thatsächliche Können des jungen Mannes, wie es, begründet in den rein theoretischen Vorlesungen, durch die Seminarübungen entwickelt und befestigt worden ist. Eine solche schriftliche Arbeit mag man in der Wohnung des Kandidaten oder in den Räumen des Prüfungsgebäudes anfertigen lassen, je nach ihrem kleineren oder größeren Umfange und der zur Bewältigung des Falles erforderlichen Zeit; jede Überwachung ist überflüssig, da die Benutzung des gesamten wissenschaftlichen Apparates nur als wünschenswert erscheinen kann. Ich würde daher dieser Einrichtung der schriftlichen Prüfung vor jeder anderen den Vorzug geben.

Wird die erste Prüfung, wie ich es verlangt habe, in zwei selbständige Abteilungen zerlegt, so müßte für jede derselben eine schriftliche Arbeit verlangt werden. Am zweckmäßigsten schiene es mir, in der ersten Abteilung einen zivilrechtlichen, in der zweiten einen strafrechtlichen Fall, welche zugleich zu prozeßrechtlichen Erörterungen Anlaß bieten, zur Entscheidung zu geben. Einige hunderte geeigneter Fälle stehen jedem zur Verfügung, der die Litteratur der beiden Fächer einigermaßen kennt. Keinesfalls dürfte aber, wie das jetzt geschieht, der ungünstige Ausfall dieser schriftlichen Prüfung ausgeglichen werden können durch guten Erfolg der mündlichen. Wer den praktischen Fall zur Zufriedenheit der Kommission zu entscheiden nicht vermag, muß unbedingt als durchgefallen betrachtet werden. Dagegen würde ich es für meine Person sehr entschieden empfehlen, daß der Kandidat, welcher tüchtige und als solche von dem betreffenden Lehrer anerkannte Seminararbeiten der Kommission vorzulegen im Stande ist, von dieser die Befreiung von der einen oder anderen schriftlichen Prüfung erlangen könnte. Anspornung des Fleißes während der Studienzeit, Entlastung der Kommission, Verkürzung und Vereinfachung der Prüfung würden die Folgen einer solchen Befreiungs-Möglichkeit sein[18]).

---

[18]) Die Ansichten über die Einrichtung der schriftlichen Prüfung gehen

Wenn die erste Prüfung in der von mir vorgeschlagenen Weise eingerichtet wird, so kann die jetzt noch teilweise vermißte Übereinstimmung der Ansichten über die zweckmäßigste Zusammensetzung der Prüfungskommissionen nicht mehr lange ausbleiben[19]). Eine ernste

---

ebenfalls noch weit genug auseinander. Ganz im Sinne des Textes v. Bar 366. Ebenso auch im Wesentlichen Enneccerus in der Sitzung des Abgeordnetenhauses vom 1. Dezbr. 1882 (Sten. Ber. I 223).

Bethmann-Hollweg verlangt gänzlichen Wegfall der schriftlichen Arbeit.

Anhänger der Klausuren sind Schulte 26, Note 17; Goeppert 25 (schriftliche Beantwortung einer Reihe von Fragen).

Gegen die Klausuren erklären sich Gierke Gutachten 14, 1877 S. 31, Muther 22.

Selbständige wissenschaftliche Arbeit über ein freigewähltes Thema wünschen Gierke Gutachten 14, 1877 S. 31, Gneist Gutachten 147.

Dagegen will Goeppert (außer den Klausurarbeiten) eine wissenschaftliche Arbeit über eine aus einer Anzahl von Aufgaben, welche von der Prüfungskommission von Zeit zu Zeit veröffentlicht werden sollen.

[19]) Über die Unfähigkeit der gegenwärtigen Prüfungskommissionen, die ihnen gestellte Aufgabe zu lösen, herrscht heute allerdings fast Einstimmigkeit der Ansichten. Dagegen gehen die Meinungen darüber auseinander, ob die erste Prüfung lediglich als Fakultätsexamen abgelegt oder ob gemischte Kommissionen aus Universitätslehrern und geeigneten Praktikern gebildet werden sollen. Muther 21, Bethmann-Hollweg 63, Eisele a. O. haben sich im Sinne der ersten Ansicht ausgesprochen. Die Mehrzahl der Schriftsteller empfiehlt dagegen gemischte Kommissionen mit vorzugsweiser Berufung der akademischen Lehrer. So Hälschner 22, Nasse 33, Goeppert 24, Gneist Gutachten 148, Gierke Gutachten 12, Schulte 16, 18, v. Bar 368. Dabei wird vielfach die Notwendigkeit betont, für die Prüfung über die „Grundlagen der Staatswissenschaften" einen Fachmann, mag er Theoretiker oder Praktiker sein, zu berufen.

An dieser Stelle sei eine in weiteren Kreisen vielleicht wenig bekannte Thatsache erwähnt. Als mein hiesiger Kollege Leonhard in dem oben Note 1 erwähnten Aufsatze Ende 1885 die Mängel der gegenwärtigen Einrichtung scharf betonte, trat der Direktor der preuß. Forstakademie zu Eberswalde, Borggreve, in den „Forstlichen Blättern" im Februar 1886, unter gleichzeitigem Abdrucke des Artikels den dort gemachten Vorschlägen bei. Und mit dem besten Erfolge. Seit Ostern 1886 ist das erste forstwissenschaftliche Examen an die Forstakademien verlegt worden und wird, unter Leitung eines vortragenden Rates aus dem Ministerium und unter Zuziehung zweier Forstmeister aus der Verwaltung, von den akademischen Lehrern als Examinatoren abgehalten.

Prüfung aus den verschiedenen juristischen Fächern mit Einschluß der „Staatswissenschaften" wird sich sofort als unvereinbar herausstellen mit dem gegenwärtig beliebten allgemeinen Prüfungsauftrage; die Teilung der Prüfung wird die sorgfältige Auswahl geeigneter Fachmänner mit sachlich genau umschriebenem Prüfungsauftrage zur notwendigen Folge haben. Zwei Eigenschaften werden dann von dem Examinator verlangt werden müssen: vollständige Beherrschung des Stoffes und ein gewisses praktisches Geschick gerade zum Prüfen des übertragenen Faches. Wer den zu prüfenden Stoff nicht völlig beherrscht, wird immer an den von ihm vorher entworfenen Fragebogen gebunden sein, statt ein möglichst umfassendes Gebiet im raschen Fluge zu durcheilen, dahin und dorthin die prüfende Sonde führend, um Umfang und Tiefe der Kenntnisse des Kandidaten klarzulegen. Und wer es nicht versteht, in die Seele des zu Prüfenden sich hineinzudenken, Mißverständnisse sofort zu erkennen, Befangenheit und Unwissenheit zu unterscheiden, dem Schwerfälligen nachzuhelfen und den Schwätzer zu entlarven — der wird trotz aller Gelehrsamkeit zeitlebens ein schlechter Examinator bleiben. Beide Eigenschaften sind allerdings nicht oft in demselben Individuum vereinigt zu finden; aber wenn sie sich verbinden, dann darf es keinen Unterschied machen, ob der zum Examinator Befähigte etwa Professor oder Privatdozent, Richter oder Verwaltungsbeamter, Staatsanwalt oder Mitglied des Anwaltstandes ist.

Es kommt mir also nicht in den Sinn, der ausschließlichen Berufung von Rechtslehrern das Wort zu sprechen. Aber ebenso muß ich betonen, daß das vielfach sich findende Mißtrauen in die Befähigung der Professoren den heutigen Verhältnissen gegenüber ganz unbegründet ist und nur aus der weitverbreiteten, auch in den Ministerien vorkommenden, Unkenntnis unserer gegenwärtigen Unterrichtsmethode erklärt werden kann. Die zerstreuten und unpraktischen Gelehrten leben fast nur noch als Lustspielfiguren fort. Wer jahraus jahrein als Leiter eines juristischen Seminars thätig ist, die schriftlichen Arbeiten der Schüler mit ihnen und den Kommilitonen besprechend, die Debatte anregend und leitend, auf jede unerwartete Frage Rede stehend, den manchmal recht sonderbaren Einwänden begegnend, jede Individualität berücksichtigend — der ist wohl auch geeignet, am grünen Tische während weniger Stunden die Thätigkeit fortzusetzen, die er das Jahr über mit aufopfernder Mühe aber auch mit erfreulichem Erfolge getrieben hat. Wer, wie der Blinde von den Farben urteilt, uns in Bausch und Bogen die Befähigung abspricht gut zu prüfen — mehr als 4 oder 5 Minuten brauchen wir allerdings um mit unserm Urteile fertig zu werden und in der Fixigkeit sind uns die jetzigen Prüfungskommissionen jedenfalls über — der gebe uns die Ehre einmal unsere Seminarübungen zu besuchen. Wir werden uns freuen ihm zu zeigen, daß es doch mitunter recht mißlich sein kann über Dinge zu sprechen, die man nur vom Hörensagen kennt.

Neben den Universitätslehrern gibt es in Preußen eine ganze Reihe von Praktikern, welche in einzelnen Fächern eine gründliche wissenschaftliche Bildung besitzen und durch selbständige Arbeit die Wissenschaft mehr gefördert haben als vielleicht mancher von uns. Freilich gestatte ich mir zu bezweifeln, daß sie gerade nur unter den Oberlandesgerichtsräten sich finden. Gar mancher Staatsanwalt wird von Strafrecht und Strafprozeß, gar mancher Verwaltungsbeamte von Staatsrecht und Nationalökonomie, gar mancher Rechtsanwalt vom Zivilprozesse mehr verstehen als unsere im wesentlichen doch nur privatrechtlich gebildeten und durch das mündliche Verfahren etwas in den Hintergrund gedrängten Richter am Oberlandesgericht. Auch will es mir nicht recht einleuchten, woher selbst dem vortrefflichsten Richter die Befähigung kommen sollte, alles zu wissen, und — auf Präsidialkommando — heute Strafrecht, morgen Rechtsgeschichte, übermorgen Pandekten zu prüfen.

Also Prüfung durch Fachleute: das muß die Losung sein. Woher man sie nimmt, ist Nebensache. Nur hüte man sich, die Wahl ausschließlich dem Justizministerium zu überlassen. Wenn Verwaltungsbeamte zugezogen werden, was ich für unerläßlich halte, wird die Mitwirkung wenigstens des Ministers des Innern nicht zu umgehen sein. Und auch die Auswahl der Universitätslehrer wird wohl geeigneter durch eine Instanz erfolgen, die in der Lage ist sich über unsere Befähigung ein Urteil zu bilden. Ob man die Zentralleitung der ersten Prüfung einer besonderen aus Vertretern der beteiligten Ministerien gebildeten Kommission übertragen will (die Wichtigkeit der Sache schiene mir diese Umständlichkeit genügend zu rechtfertigen), oder ob man es vorzieht, auf andere Weise eine Verständigung der Ministerien herbeizuführen, ist nebensächlich. Gänzlich entbehrt werden kann eine Zentralleitung irgend welcher Art wohl kaum. Ich möchte ihr nicht nur die Ernennung der Prüfungskommissäre und die Überwachung der Prüfungen, sondern auch die Zuweisung der Kandidaten an die einzelnen Kommissionen übertragen. Dadurch würde einerseits eine gleichmäßige Belastung der verschiedenen Kommissionen gesichert, anderseits jede Gefahr beseitigt werden, daß durch ausgedehntere Zuziehung von Universitätslehrern die Freiheit des akademischen Studiums irgendwie gefährdet werde.

Weitere Vorschläge über die Berufung und die Thätigkeit der Prüfungskommissionen sind heute wohl noch verfrüht[30]). Sie werden ohne jede Schwierigkeit gemacht und besprochen werden können, wenn nur erst einmal an maßgebender Stelle das Verständnis für die Notwendigkeit einer Reform erwacht und der gute Wille zur Durchführung derselben bewiesen ist. Unsere Pflicht ist gethan, indem wir die Dringlichkeit einer durchgreifenden Reform und die Wege nachweisen, auf welchen sie erreicht werden kann; möge der Staat die seinige thun.

---

[30]) Nur einen Punkt möchte ich nicht ganz mit Stillschweigen übergehen. Die mündliche Prüfung muß unbedingt öffentlich abgehalten werden. Das ist nicht nur deshalb notwendig, damit das Vertrauen in die Gründlichkeit und Unparteilichkeit der Kommissionen erhalten bleibe, sondern auch im Interesse der Studierenden dringend wünschenswert. Erfahrungsgemäß stellt überall, wo die Prüfungen öffentlich abgehalten werden, ein Kreis von studentischen Zuhörern sich regelmäßig ein, um zu erfahren, was eigentlich im Examen verlangt wird, und um selbst beurteilen zu können, nach welchen Richtungen hin eine Vertiefung oder Erweiterung der bereits erworbenen Kenntnisse erforderlich ist. In der Öffentlichkeit der Prüfungen liegt für die jüngeren Kommilitonen ein mächtiger Ansporn zu angestrengterer und zielbewußterer Arbeit. — Man vgl. auch Gneist Gutachten 150; Gierke Gutachten 21; Schwarze 14; Juristentag II 203, 209; die Beschlüsse der Versammlung daselbst II 238.

Inzwischen aber habe ich noch ein Wort an Sie, meine jungen juristischen Kommilitonen. Den ernsten Mahnruf möchte ich an Sie richten: aus eigener Kraft, aus freiem Entschluß den gegenwärtigen Übelständen ein Ende zu bereiten, ehe die Gesetzgebung Sie dazu zwingt. Vergessen Sie, im Vollgefühl Ihrer akademischen Freiheit nicht, daß Recht und Pflicht, daß Freiheit und sittliche Gebundenheit nur verschiedene Seiten eines und desselben Begriffes sind. Strengste Pflichterfüllung, im Kleinen wie im Großen, ohne Bedingung und ohne Einschränkung — das ist altpreußischer und darum echt deutscher Geist. Trachten Sie, diesen Geist in Ihren Kreisen zu wecken und zu fördern. Hüten Sie sich vor der Unwahrhaftigkeit, die heute ihr akademisches Leben in seinem innersten Wesen vergiftet. Sie können es, sobald Sie nur ernstlich wollen.

Die akademische Freiheit wollen wir uns nicht verkümmern lassen; und die alte Burschenherrlichkeit erst recht nicht. Noch unsern Söhnen und Enkeln soll das Auge feucht, und die Wange warm werden, wenn sie alt geworden, der Tage gedenken, da sie in überschäumender Jugendkraft die Klingen kreuzten und in fröhlicher Tafelrunde die Becher kreisen ließen bis zur heraufdämmernden Morgensonne.

Aber froher Burschensinn und treue Pflichterfüllung sind keine Gegensätze. Ernste Arbeit ist das Stahlbad des freien Geistes, der Jungbrunnen ungebundener Lebenslust. Noch hat, soviel ich weiß, der Besuch der Vorlesungen keinem die Sangesfreudigkeit verdorben oder das Handgelenk steif gemacht. Der echte Bursche beugt sich nicht, wo man die Tiefquart schlägt; aber er drückt sich auch nicht, wenn man von ihm verlangt, daß er seine Mannes- und Bürgerpflicht erfülle. Das eine wie das andre mag er den Philistern überlassen.

Ganz besonders aber richte ich meinen Mahnruf an die akademischen Korporationen. Ich habe stets die Überzeugung vertreten — und werde ihr in diesem Jahre nicht untreu werden —, daß in dem kräftigen Emporblühen der studentischen Verbindungen eine der sichersten Bürgschaften für die Bewahrung und Festigung echt akademischer Gesinnung erblickt werden muß. Nur in den kleinen, geschlossenen Gruppen ist jene stramme Zucht möglich, welche den Einzelnen lehrt, seine Neigungen allezeit und unbedingt allgemeineren Interessen unterzuordnen; nur in ihnen gedeiht jene scharfe Anspannung eines hochentwickelten Ehrgefühls, welche in meinen Augen das schönste Vorrecht der akademischen Jugend bildet. Unsere studentischen Verbindungen sind was auch die Nörgler dagegen sagen mögen, eine Schule fürs Leben, die ich um keinen Preis missen möchte. Aber sehen Sie zu, meine Herren, daß Sie über der Form den Inhalt nicht vergessen. Strenge Pflichterfüllung ist, wie das letzte Ziel aller Zucht, so auch die Seele der Standesehre. Erfassen Sie den Geist der akademischen Freiheit in seinem ganzen Gehalt, nicht nur als Berechtigung, sondern auch als sittliche Gebundenheit; erziehen Sie Ihre Mitglieder, auch die juristischen, zu ernsten, treuen Staatsbürgern — und die Führung der studentischen Jugend auf allen Gebieten des akademischen Lebens, wird Ihnen sicher sein.

Freie, wenn auch unter staatlicher Aufsicht stehende Vereinigung der Lehrenden und Lernenden, geeint durch gemeinsame Arbeit auf dem Gesamtgebiete der Wissenschaft: so habe ich oben das Wesen der deutschen Universitäten gekennzeichnet. Trachten Sie, meine jungen juristischen Kommilitonen, das in Wahrheit zu sein, was Ihr alter Ehrenname besagt: unsere mitarbeitenden, mitkämpfenden Genossen im Dienste der Wissenschaft, und damit im Dienste des Reichs und unseres Kaisers.

Buchdruckerei von Gustav Schade (Otto Francke) in Berlin N.

FSC
www.fsc.org
MIX
Papier | Fördert
gute Waldnutzung
FSC® C083411

Kolibri 360 GmbH
Ferdinand-Jühlke-Straße 7
99095 Erfurt, Deutschland
produktsicherheit@kolibri360.de